备考训练

Gemeinsamer
Europäischer
Referenzrahmen

DaF leicht

Prüfungstrainer

欧标德语教程 A1

编　著：［德］比尔吉特·布劳恩
　　　　　伊芙琳·施瓦茨
　　　　　桑德拉·霍赫曼
编　译：薛　琳

上海译文出版社

Vorwort 前言

　　《欧标德语教程（备考训练）》是一套专门针对欧标德语考试的辅导书，分 A1、A2 和 B1 三个级别，考生可自选级别进行学习备考。本书也可作为《欧标德语教程》系列教材的配套课堂练习使用。

　　本系列每本共十个单元，每单元的主题与《欧标德语教程》系列教材相对应，涵盖了欧标考试相关的题型与考点。"备考训练"与该系列的"练习册"不同，旨在帮助考生系统性地学习、巩固语法要点和考试必备词汇，并且提供与欧标考试题目类型相同的练习。本书每两单元配备一个覆盖听、说、读、写四项语言技能的备考训练板块，帮助考生熟悉考试题型并自测。书中包含不同题型的解题策略，适时给予考生与考试相关的重要信息和实用备考小贴士。在本书的最后有一套与真题难度一致的模拟试题，让考生在最真实的考试氛围中检测自己的德语能力，完成考前冲刺。

　　本书是由上海电机学院德语讲师薛琳负责编译，解析备考训练中部分难点以及提供相关的解题策略，本书还配有相关的音视频讲解，帮助考生更有针对性地进行备考训练。

编译者

Inhalt

Die Symbole bedeuten:

    Sie arbeiten zu zweit.

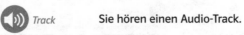 *Track*   Sie hören einen Audio-Track.

P   Das sind Aufgaben mit klarem Prüfungsbezug.

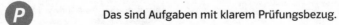 *Seite 12/13 KB* Die Seiten verweisen auf Aufgaben im Kursbuch.

Strategie   Hier finden Sie Strategien für die Prüfung.

Tipp   Hier finden Sie Tipps, wie Sie eine Aufgabe lösen können.

Information   Hier finden Sie eine Information zu Grammatik, Wortschatz oder Sprachvergleich.

Mit DaF leicht
zur Prüfung

Themen aus den Lektionen wiederholen, vertiefen und erweitern

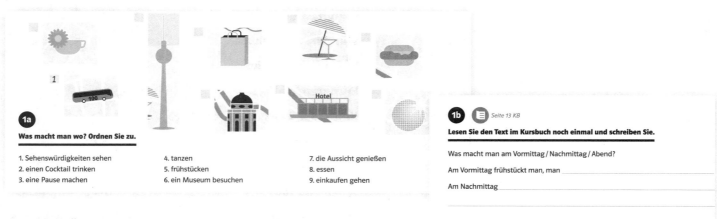

1a

Was macht man wo? Ordnen Sie zu.

1. Sehenswürdigkeiten sehen
2. einen Cocktail trinken
3. eine Pause machen

4. tanzen
5. frühstücken
6. ein Museum besuchen

7. die Aussicht genießen
8. essen
9. einkaufen gehen

1b *Seite 13 KB*

Lesen Sie den Text im Kursbuch noch einmal und schreiben Sie.

Was macht man am Vormittag / Nachmittag / Abend?

Am Vormittag frühstückt man, man _____

Am Nachmittag _____

- effektive Übungen zu Wortschatz und Grammatik
- Aufgaben zu allen Fertigkeiten mit klarem Prüfungsbezug
- hilfreiche Informationen
- „Richtig Schreiben" in jeder Lektion
- Lernzielangaben auf jeder Seite

15 **P**

Lesen Sie. Was ist richtig? Kreuzen Sie an.

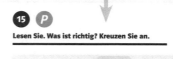

Besuchen Sie uns in den Berlin Tourist Infos.
* Tipps von Berlin-Experten in 16 Sprachen
* Hotels, Tickets, Stadtrundfahrten und vieles mehr
* Souvenirs und Postkarten aus Berlin

Berlins offizielles Touristenticket
* freie Fahrt in Berlin
* 200 Attraktionen erleben – sparen Sie bis zu 50%
* City Guide – Stadtplan inklusive

1. a. In den Berlin Tourist Infos kann man Souvenirs kaufen.
   b. In den Berlin Tourist Infos arbeiten 16 Leute.
   c. Man kann Informationen in vielen Sprachen haben.

2. a. Mit dem Touristenticket kann man in ganz Berlin fahren.
   b. Das Ticket kommt zusammen mit einem Stadtplan.
   c. Man muss nichts bezahlen.

12b

Ergänzen Sie die Tabelle.

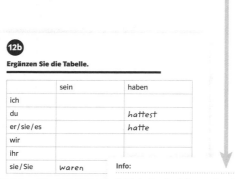

	sein	haben
ich		
du		hattest
er / sie / es		hatte
wir		
ihr		
sie / Sie	waren	

Info:

Bei „haben" und „sein" verwenden wir meistens Präteritum, nicht Perfekt.

14

Richtig schreiben: Diktieren Sie einen Satz, Ihr Partner / Ihre Partnerin schreibt.

Entschuldigen Sie, wo ist ein Restaurant?
Gehen Sie geradeaus und dann links.

_____

„INTENSIV ÜBEN UND AUF DIE PRÜFUNG VORBEREITEN!"

Prüfungstraining nach jeder zweiten Lektion

- gezieltes Training aller Fertigkeiten und Prüfungsformate
- Strategien und Tipps zum Lösen der Aufgaben
- prüfungsrelevanter Wortschatz ergänzt
- Checkliste: Bin ich vorbereitet?

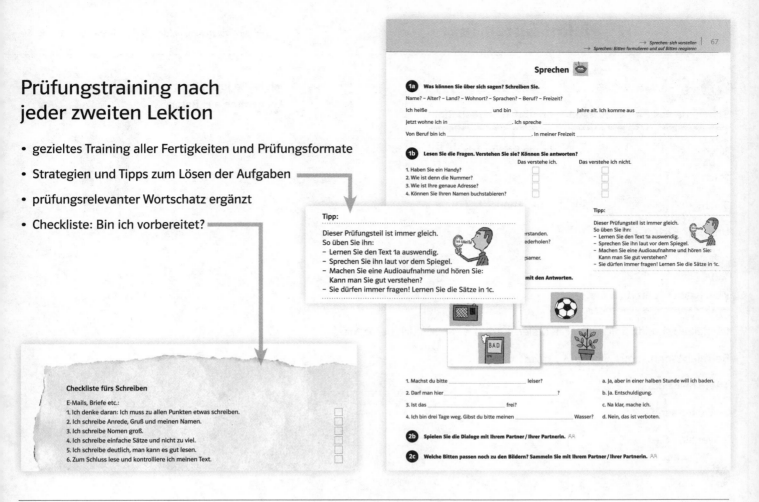

Sprechen

1a Was können Sie über sich sagen? Schreiben Sie.

Name? – Alter? – Land? – Wohnort? – Sprachen? – Beruf? – Freizeit?

Ich heiße _____ und bin _____ Jahre alt. Ich komme aus _____

Jetzt wohne ich in _____. Ich spreche _____

Von Beruf bin ich _____. In meiner Freizeit _____

1b Lesen Sie die Fragen. Verstehen Sie sie? Können Sie antworten?

	Das verstehe ich.	Das verstehe ich nicht.
1. Haben Sie ein Handy?	☐	☐
2. Wie ist denn die Nummer?	☐	☐
3. Wie ist Ihre genaue Adresse?	☐	☐
4. Können Sie Ihren Namen buchstabieren?	☐	☐

Tipp:

Dieser Prüfungsteil ist immer gleich.
So üben Sie ihn:
– Lernen Sie den Text 1a auswendig.
– Sprechen Sie ihn laut vor dem Spiegel.
– Machen Sie eine Audioaufnahme und hören Sie:
  Kann man Sie gut verstehen?
– Sie dürfen immer fragen! Lernen Sie die Sätze in 1c.

Tipp:

Dieser Prüfungsteil ist immer gleich.
So üben Sie ihn:
– Lernen Sie den Text 1a auswendig.
– Sprechen Sie ihn laut vor dem Spiegel.
– Machen Sie eine Audioaufnahme und hören Sie:
  Kann man sie gut verstehen?
– Sie dürfen immer fragen! Lernen Sie die Sätze in 1c.

... mit den Antworten.

1. Machst du bitte _____ leiser?
2. Darf man hier _____ ?
3. Ist das _____ frei?
4. Ich bin drei Tage weg. Gibst du bitte meinen _____ Wasser?

a. Ja, aber in einer halben Stunde will ich baden.
b. Ja. Entschuldigung.
c. Na klar, mache ich.
d. Nein, das ist verboten.

2b Spielen Sie die Dialoge mit Ihrem Partner / Ihrer Partnerin.

2c Welche Bitten passen noch zu den Bildern? Sammeln Sie mit Ihrem Partner / Ihrer Partnerin.

Checkliste fürs Schreiben

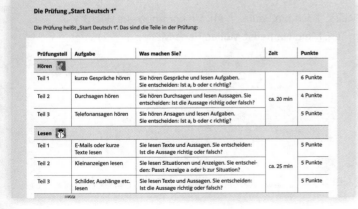

E-Mails, Briefe etc.:
1. Ich denke daran: Ich muss zu allen Punkten etwas schreiben. ☐
2. Ich schreibe Anrede, Gruß und meinen Namen. ☐
3. Ich schreibe Nomen groß. ☐
4. Ich schreibe einfache Sätze und nicht zu viel. ☐
5. Ich schreibe deutlich, man kann es gut lesen. ☐
6. Zum Schluss lese und kontrolliere ich meinen Text. ☐

Zum Schluss: Modelltest

- Vorstellung der Prüfung (Ablauf, Zeit, Inhalte, …)
- Modelltest Start Deutsch 1
- kommentierte Lösungen

Die Prüfung „Start Deutsch 1"

Die Prüfung heißt „Start Deutsch 1". Das sind die Teile in der Prüfung:

Prüfungsteil	Aufgabe	Was machen Sie?	Zeit	Punkte
Hören				
Teil 1	kurze Gespräche hören	Sie hören Gespräche und lesen Aufgaben. Sie entscheiden: Ist a, b oder c richtig?	ca. 20 min	6 Punkte
Teil 2	Durchsagen hören	Sie hören Durchsagen und lesen Aussagen. Sie entscheiden: Ist die Aussage richtig oder falsch?		4 Punkte
Teil 3	Telefonansagen hören	Sie hören Ansagen und lesen Aufgaben. Sie entscheiden: Ist a, b oder c richtig?		5 Punkte
Lesen				
Teil 1	E-Mails oder kurze Texte lesen	Sie lesen Texte und Aussagen. Sie entscheiden: Ist die Aussage richtig oder falsch?	ca. 25 min	5 Punkte
Teil 2	Kleinanzeigen lesen	Sie lesen Situationen und Anzeigen. Sie entscheiden: Passt Anzeige a oder b zur Situation?		5 Punkte
Teil 3	Schilder, Aushänge etc. lesen	Sie lesen Texte und Aussagen. Sie entscheiden: Ist die Aussage richtig oder falsch?		5 Punkte

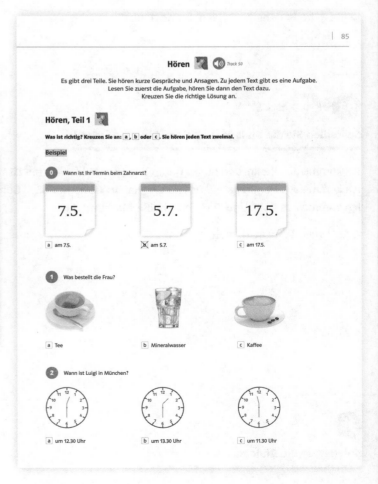

Hören · Track 50

Es gibt drei Teile. Sie hören kurze Gespräche und Ansagen. Zu jedem Text gibt es eine Aufgabe.
Lesen Sie zuerst die Aufgabe, hören Sie dann den Text dazu.
Kreuzen Sie die richtige Lösung an.

Hören, Teil 1

Was ist richtig? Kreuzen Sie an: a, b oder c. Sie hören jeden Text zweimal.

Beispiel

0 Wann ist Ihr Termin beim Zahnarzt?

7.5.   5.7.   17.5.

a am 7.5.   ☒ am 5.7.   c am 17.5.

1 Was bestellt die Frau?

a Tee   b Mineralwasser   c Kaffee

2 Wann ist Luigi in München?

a um 12.30 Uhr   b um 13.30 Uhr   c um 11.30 Uhr

1 *Seite 12/13 KB*

Ich heiße Jonas Rot.
Ich komme aus Berlin.

Sehen Sie das Bild im Kursbuch an und schreiben Sie.

1. Ich ▢▢▢▢▢ Hanna Rogge. Ich ▢▢▢▢▢▢▢▢▢▢▢▢ .

2. Ich ▢▢▢▢▢▢▢▢▢▢▢ . Ich ▢▢▢▢▢▢▢ Graz.

3. Ich ▢▢▢▢▢ Paul Simon. Ich ▢▢▢▢▢▢▢▢▢▢▢ .

Und Sie? – Ich ▢▢▢▢▢▢▢▢▢▢ . Ich ▢▢▢▢▢▢▢▢ .

2a

Was passt? Schreiben Sie.

Ich heiße Schmidt. | Ich bin Frau Meier. | ~~Ich bin Paula.~~ | Ich heiße Max.

Beispiel: Wer bist du? *Ich bin Paula.*

1. Wie heißt du? _____

2. Wie heißen Sie? _____

3. Wer sind Sie? _____

2b

Ergänzen Sie.

~~heiße~~ | heißt | heißen | bin | sind | ~~bist~~

ich *heiße* ▢▢▢▢   du ▢▢▢▢▢   Sie ▢▢▢▢▢

ich ▢▢▢▢▢   du *bist*   Sie ▢▢▢▢▢

3a 🔊 *Track 1*

Schreiben Sie die Dialoge und hören Sie zur Kontrolle.

Ich komme aus Berlin, und du? | Guten Tag, Herr Müller. Ich bin Lisa Maier. | Ich bin Paula. | Ah, Sie kommen aus Wien! |
Ich komme aus Hamburg. | Aus Wien. | ~~Hallo. Wie heißt du?~~ | Guten Tag. Mein Name ist Müller. Hans Müller. |
Ich komme aus Köln. Und Sie? | Ich heiße Max. Und du?

1. A: *Hallo. Wie heißt du?*

_____

_____

B: _____

2. A: _____

_____

B: *Guten Tag, Herr Müller. Ich bin Lisa Maier.*

_____

3b

Spielen Sie die Dialoge. 👥

Track 2

Hören Sie: a oder b? Kreuzen Sie an.

1. a. Ina ist aus Berlin. ☐   b. Jonas ist aus Berlin. ☒
2. a. Philip Meier kommt aus Bern. ☐   b. Philip Meier kommt aus Köln. ☐
3. a. Kento kommt aus Österreich. ☐   b. Hanna ist aus Österreich. ☐
4. a. Kento ist der Nachname. ☐   b. Sato ist der Nachname. ☐
5. a. Hanna kommt aus Berlin. ☐   b. Hanna kommt aus Hamburg. ☐

  Track 3

Ergänzen Sie „Vorname" oder „Nachname". Hören Sie zur Kontrolle.

A: Hallo, ich heiße Paul Simon.

B: Hallo, Simon.

A: Nein, nein, Paul ist mein _____ .

  Simon ist mein _____ .

B: Ah, Paul. Mein _____ ist Kento.

  Mein _____ ist Sato. Ich komme aus Graz. Und du?

A: Ich komme aus Bern.

5b

Stellen Sie Ihren Partner / Ihre Partnerin vor.

Das ist _____ .

_____ ist der Vorname, _____ ist der Nachname.

Er / Sie kommt aus _____ .

6a

Was ist das? Schreiben Sie.

A   B   C   D   E   F

_____   _____   _Regen_ _____

1. Jonas Rot, Berlin   3. Kento Sato, Graz   5. Paul Simon, Bern
2. Ina Lange, Köln   4. Philip Meier, Köln   6. Hanna Rogge, Hamburg

  Track 4

Wer mag was? Hören und verbinden Sie.

6 | 01 | **Hallo! Guten Tag!**

→ er / sie ist; er / sie mag; Begrüßungen, Verabschiedungen;
Wie geht's dir? Wie geht's Ihnen?

6c

Schreiben Sie.

Beispiel: *Sie heißt Hanna Rogge. Sie kommt aus Hamburg. Sie mag Schokolade.*

1. *Er* _____ . _____ .

_____ .

2. *Sie* _____ . _____ .

_____ .

Und Sie? *Ich* _____ . _____ .

_____ .

7a

Schreiben Sie zu den Bildern.

Tschüss! Auf Wiedersehen! | Guten Morgen, wie geht´s Ihnen? | Hallo! Wie geht's dir? | Gute Nacht!

A: _____   C: _____

B: _____   D: _____

7b

Spielen Sie die Situationen mit Ihrem Partner / Ihrer Partnerin. 👥

8

Ergänzen Sie.

Hallo! Ich heiße Jens Müller. Jens ist mein Vorname und Müller ist mein Nachname. Ich komme aus Bremen. Ich mag Musik und Theater.

Das ist Meike. Meike heißt auch Müller, und sie kommt auch aus Bremen! Sie mag Fußball.

Nachname: *Müller* _____

Vorname: _____

Er kommt aus: _____

Er mag: _____

Nachname: _____

Vorname: _____

Sie kommt aus: _____

Sie mag: _____

9a Track 5

der – das – die. Schreiben Sie und hören Sie zur Kontrolle.

1. _____

2. _____

3. _____

4. _____

5. _____

6. _____

7. _____

8. _____

9. _____

10. _____

11. _____

9b

Sortieren Sie.

~~Name~~ | Kino | Sport | E-Mail | Regen | Frau | Mann | Wort | Sonne

der	*der Name,*
das	
die	

10a

Wie heißt der Plural? Schreiben Sie.

Beispiele: die E-Mail, -s: *die E-Mails* _____

1. der Name, -n: _____

2. das Heft, -e: _____

3. der Spiegel, -: _____

das Buch, -ü-er: *die Bücher* _____

4. das Telefon, -e: _____

5. die Zahnbürste, -n: _____

6. das Foto, -s: _____

10b Track 6

Wie heißt der Plural? Schreiben Sie und hören Sie zur Kontrolle.

Beispiel: der Vorname und der Nachname *die Vornamen und die Nachnamen* _____

1. das Taschentuch und der Schlüssel _____

2. der Mann und die Frau _____

3. die Zahnbürste und der Spiegel _____

4. das Telefon und das Handy _____

5. das Theater und das Kino

11a

Sortieren Sie nach dem Alphabet.

hallo | bitte | schön | Nachname | oder | ich | Tasche | danke | Vorname | ~~Abend~~ | Zahnbürste | wer | und

Abend, _____

11b

Sortieren Sie nach dem Alphabet.

Tasche | Tennis | Tee | ~~Tafel~~ | Theater | Telefon | Taschentuch | Tschüss | Tag

Tafel, _____

12a 🔊 *Track 7*

Welchen Buchstaben hören Sie? Kreuzen Sie an.

1. P	☐	B	☐	3. Ö	☐	Ü	☐	5. T	☐	D	☐
2. E	☐	I	☐	4. M	☐	N	☐	6. S	☐	ß	☐

12b 🔊 *Track 8*

Hören und schreiben Sie.

1. _____   4. _____

2. _____   5. _____

3. _____   6. _____

12c

Buchstabieren Sie.

1. Ü B U N G S B U C H   2. R Ä T S E L   3. P L U R A L   4. M U S I K

13a

Richtig schreiben: Welche Wörter kennen Sie aus anderen Sprachen? Markieren Sie.

der Kaffee, die Schokolade, der Tee, das Telefon, die Zigarette, das Foto, das Theater, die Musik, der Sport

Info:
....
englisch: sport
deutsch: Sport
....

13b 🔊 *Track 9*

Hören und schreiben Sie die Wörter.

das Foto _____

14a

Buchstabieren Sie Ihren Vornamen und Nachnamen.

  Track 10

Wie bitte? Hören Sie und kreuzen Sie an.

1. Wie heißt die Frau?	☐ a. Schmidt	☐ b. Schmitt
2. Wie heißt der Mann?	☐ a. Maier	☐ b. Meyer
3. Wie heißen Max und Moritz?	☐ a. Meißler	☐ b. Meissler
4. Wie heißt Paul?	☐ a. Czaikovsky	☐ b. Czaikowsky

14c *Track 11* **P**

Sortieren Sie den Dialog und hören Sie zur Kontrolle.

Wie heißen Sie? | Das schreibt man so: N-A-L-P-A-T-H-A-M-K-A-L-A-M | Ist das der Nachname? | Bitte schön. | Nalpathamkalam. | Wie bitte? Noch einmal bitte. | Wie schreibt man das? | Ich heiße Nalpathamkalam. | Danke schön. | Ja, mein Vorname ist Roy.

A: *Wie heißen Sie?* _____

B: _____

A: _____

B: _____

A: _____

B: _____

A: _____

B: _____

A: _____

B: *Bitte schön.* _____

14d

Spielen Sie den Dialog mit Ihrem Namen.

1a 🔊 *Track 12*

Hören Sie und nummerieren Sie.

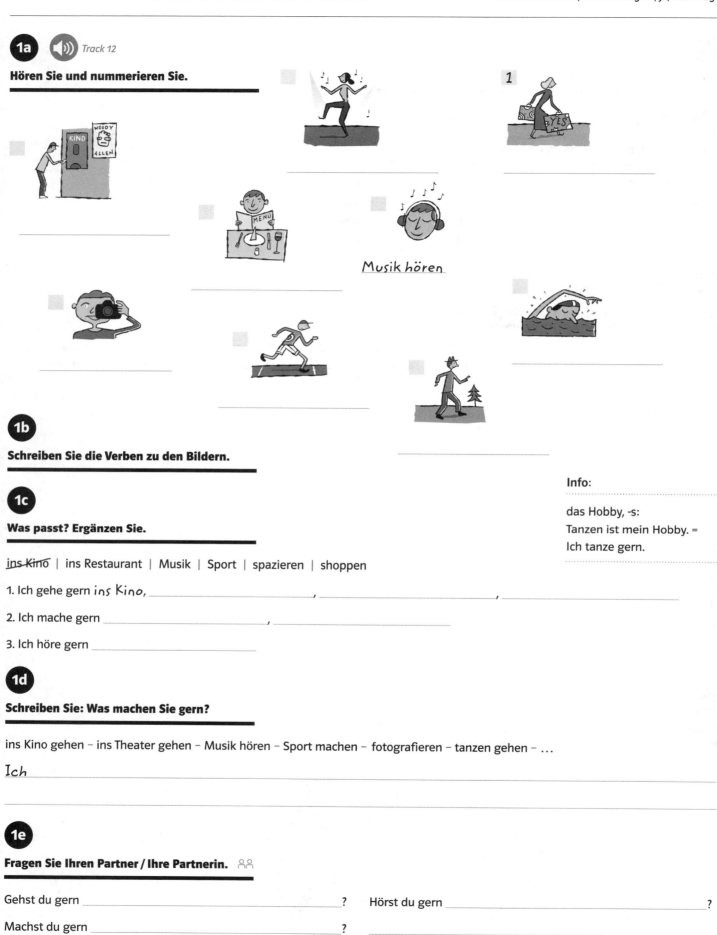

Musik hören

1b

Schreiben Sie die Verben zu den Bildern.

1c

Was passt? Ergänzen Sie.

Info:
....
das Hobby, -s:
Tanzen ist mein Hobby. =
Ich tanze gern.
....

~~ins Kino~~ | ins Restaurant | Musik | Sport | spazieren | shoppen

1. Ich gehe gern ins Kino, _____, _____,

2. Ich mache gern _____, _____

3. Ich höre gern _____

1d

Schreiben Sie: Was machen Sie gern?

ins Kino gehen – ins Theater gehen – Musik hören – Sport machen – fotografieren – tanzen gehen – ...

Ich _____

_____

1e

Fragen Sie Ihren Partner / Ihre Partnerin. 👥

Gehst du gern _____ ? Hörst du gern _____ ?

Machst du gern _____ ?

Track 13

2a

Sortieren Sie die Dialoge und hören Sie zur Kontrolle.

A    B

| 5 |
| |
| |
| |
| |

| 10 |
| |
| |
| |

1. Nichts, wir bleiben zu Hause ... Und ihr?
2. Gehen Sie auch ins Theaterrestaurant?
3. Nein, wir gehen ins Theater, in „Romeo und Julia".
4. Wir gehen ins Kino.
5. Hallo, Mia. Hallo Franz.
6. Oh, „Romeo und Julia", schön ... Viel Spaß!
7. Danke, gut. Was macht ihr heute Abend?
8. Hallo, Hanna. Hallo Ken. Wie geht's?
9. Viel Spaß!
10. Guten Tag, Frau Berger, guten Tag, Herr Berger.
11. Guten Tag, Herr Maier, Frau Maier.

2b

Ergänzen Sie.

	gehen	bleiben	machen	hören
ich				höre
du		bleibst		
er / sie	geht			
wir				hören
ihr		bleibt		
sie / Sie	gehen			

2c

Was passt? Markieren Sie.

Beispiel: Gehen / Gehst / Geht du ins Kino?
1. Peter schwimmt / schwimmst / schwimmen gern.
2. Ich reisen / reise / reist nach Italien.

3. Was macht / machst / machen du?
4. Ich telefoniert / telefonierst / telefoniere.
5. Wir geht / gehst / gehen tanzen.

2d

Was machst du heute Abend? Sprechen Sie.

A: Was machst du ...
   Ich ...

B: Ich ... Und du?
   Ich ... / Ich mache nichts. Ich bleibe zu Hause.
   Ich auch.

2e

Was macht ihr heute Abend? Sprechen Sie mit einem anderen Paar.

A: Was macht ihr ...
   Wir ...

B: Wir ... Ich bleibe zu Hause und Jurij geht essen. Und ihr?
   Wir ... Ich ... und ...

3a

Schreiben Sie die Ländernamen.

US | ~~Deutsch~~ | reich | ~~land~~ | nam | A | Ös | Frank | xiko | der | Ke | nia | Nie | lande | Viet | kei | Tür | Me | ter | reich

Deutschland,

3b

Sortieren Sie die Länder aus 3a.

Ich reise nach Deutschland, nach _____

Ich reise in die USA, in die _____

4

Lesen Sie und kreuzen Sie an: Was ist richtig?

Hallo, ich bin Kento Sato. Ich komme aus Österreich, aus Graz. Ich reise gern, in die Schweiz, nach Italien oder nach Frankreich. Ich mag Musik und Kino. Ich fotografiere nicht gern.

Ich bin Paul Simon aus Bern. Ich mache gern Sport, Fußball ist cool. Ich spiele nicht gern Computerspiele, und ich gehe nicht gern ins Kino. Heute Abend gehe ich schwimmen.

	richtig	falsch
1. Kento Sato kommt aus Frankreich.	☐	☐
2. Paul Simon kommt aus Bern.	☐	☐
3. Graz ist in Österreich.	☐	☐
4. Kento ist nicht gern in Italien.	☐	☐
5. Paul Simon spielt gern Fußball.	☐	☐
6. Kento geht gern ins Kino.	☐	☐
7. Paul macht heute Abend Sport.	☐	☐
8. Paul mag Computerspiele.	☐	☐

5a

Ergänzen Sie.

Beispiel:

eine Uhr

die Uhr

1.

ein Herz

_____ Herz

2.

ein Messer

_____ Messer

3.

ein Fußball

_____ Fußball

4.

die Flasche

_____ Flasche

5.

das Auto

_____ Auto

6.

die Blume

_____ Blume

7.

die Tasse

_____ Tasse

5b

Schreiben Sie.

Beispiel: Das ist ein Hut.
             Der Hut ist lustig.

Lustig!

2. Teuer! _____

4. Billig! _____

1. Schön! _____

3. Bunt! _____

5. Lecker!   Das sind _____

6

Fragen Sie Ihren Partner / Ihre Partnerin.

Beispiel: Ist das eine Flasche?   Nein, das ist keine Flasche. Das ist _____.

1. _____ Auto? _____

2. _____ Hut? _____

3. Sind das Stifte? _____

4. _____ Zeitungen? _____

7a

Schreiben Sie die Zahlen.

Beispiel: zehn *10*

1. fünfzig _____

2. zwölf _____

3. einunddreißig _____

4. elf _____

5. zwanzig _____

6. fünfundvierzig _____

7. einhundert _____

8. sechzehn _____

9. vierundfünfzig _____

10. achtunddreißig _____

11. siebzig _____

12. dreizehn _____

13. vierundzwanzig _____

14. dreiundneunzig _____

Info:

ein ^{und} zwanzig
21

7b

Schreiben Sie.

a. 8 *acht*

b. 7 _____

c. 9 _____

18 *achtzehn*

17 _____

29 _____

28 _____

37 _____

99 _____

8 🔊 *Track 14* **P**

Hören Sie und kreuzen Sie an.

1. Was kostet die Schokolade?
☐ a. 69 Cent
☐ b. 79 Cent
☐ c. 99 Cent

2. Was kostet die Uhr?
☐ a. 59 Franken
☐ b. 95 Franken
☐ c. 99 Franken

3. Was kostet eine Flasche Bier?
☐ a. 1,08 Euro
☐ b. 1,18 Euro
☐ c. 1,28 Euro

9a

Ergänzen Sie.

Italienisch | Arabisch | Chinesisch | Japanisch | Spanien | Frankreich | Türkei | ~~Deutschland~~

Beispiel: Ich komme aus *Deutschland*. Ich spreche Deutsch.

1. Ich komme aus Italien. Ich spreche _____.

2. Ich komme aus _____. Ich spreche Spanisch.

3. Ich komme aus Japan. Ich spreche _____.

4. Ich komme aus der _____. Ich spreche Türkisch.

5. Ich komme aus China. Ich spreche _____.

6. Ich komme aus _____. Ich spreche Französisch.

7. Ich komme aus Ägypten. Ich spreche _____.

9b

Sortieren und schreiben Sie die Texte.

~~Das ist Ramiro Sanchez.~~ | Das ist Amelie. | Er kommt aus Spanien. | Er wohnt in Deutschland, in Hamburg. | Sie kommt aus Belgien. | Sie spricht Französisch, Deutsch und Englisch. | Sie wohnt in Brüssel. | Ramiro spricht Spanisch, Englisch und Deutsch.

Das ist Ramiro Sanchez. _____

_____

Das ist _____

_____

10a

Welche Frage passt?

Woher kommst du? | Sprechen Sie Englisch? | Was kostet das? | Wie schreibt man das? | ~~Wie heißt du?~~ | Wo wohnen Sie? | Was machst du gern?

Beispiel: A: *Wie heißt du?*
B: Sevil.

1. A: _____
B: Aus Ägypten.

2. A: _____
B: 56 Euro.

3. A: _____
B: Ich gehe gern ins Kino und ich fotografiere gern.

4. A: _____
B: In Wien.

5. A: _____
B: T I N A.

6. A: _____
B: Ja.

10b **P**

Schreiben Sie Antworten.

Wie heißen Sie? _____

Woher kommen Sie? _____

Wo wohnen Sie? _____

Sprechen Sie Englisch? _____

Was machen Sie gern? _____

11

Richtig schreiben: Schreiben Sie die Wörter und markieren Sie die großen Buchstaben.

Ägypten, China, Chinesisch, das Land, das Auto, Russisch, Italien, die Uhr, der Preis, Lisa, Herr Meier, Frau Berger, Jens, Deutsch, Brasilien, Englisch

Namen	Nomen	Länder	Sprachen
Herr Meier	das Land	China	Chinesisch

12a **P**

Ergänzen Sie das Formular für Herrn Yilmaz.

Familienname: _____

Vorname: _____

Land: _____

Handynummer: _____

Sprachen: _____

Guten Tag. Ich heiße Ahmet Yilmaz. Yilmaz ist der Nachname und Ahmet ist der Vorname. Ich komme aus Salzburg in Österreich. Ich spreche Türkisch und Deutsch. Meine Handynummer ist null sechs siebenundsiebzig acht vierundachtzig fünfzehn dreiundneunzig.

12b **P**

Ergänzen Sie Ihr Formular.

Familienname: _____

Vorname: _____

Land: _____

Handynummer: _____

Sprachen: _____

Info:
....
Familienname = Nachname
....

Hören

1 **Was ist richtig? Hören Sie den Text zweimal und kreuzen Sie an: a, b oder c?**

0. Woher kommt Herr Maier?

Grüezi in Bern

☐ a   ☒ b   ☐ c

Sie hören:

A: Guten Tag, Herr Maier. Willkommen in Berlin.
B: Grüß Gott, Frau Schneider.
A: Sie kommen aus Österreich, oder?
B: Ja, ich komme aus Wien, aber jetzt wohne ich in Bern. —— Herr Maier kommt aus Wien.
A: Das ist mein Kollege, Herr Lange.
B: Grüß Gott, Herr Lange.

Strategie:

1. Frage lesen und Bilder anschauen.
2. Dialog zum 1. Mal hören.
   Ankreuzen: a, b oder c?
3. Dialog zum 2. Mal hören.
   Antwort richtig?

Tipp:

Keine Panik!
Sie hören jeden Text zweimal.

Jetzt Sie *Track 16*

1. Was mag Jonas?

☐ a   ☐ b   ☐ c

2. Was kostet die Tasche?

93,90 €   39,90 €   39,00 €

☐ a   ☐ b   ☐ c

3. Was macht Paul gern?

☐ a   ☐ b   ☐ c

4. Was machen Anne und Tina heute Abend?

☐ a   ☐ b   ☐ c

Lesen

1   **Sie lesen ein Posting auf Facebook. Kreuzen Sie an: richtig oder falsch?**

Beispiel

0.

Frank John
Heute um 13:40 · Detroit

Hallo! Ich bin Frank John. John ist mein Familienname. Ich komme aus den USA, aus Detroit. Jetzt wohne ich in Berlin. Ich spreche Englisch, Spanisch und Deutsch. Ich gehe gern ins Kino und mache gern Sport. Und ich höre gern Jazz. Wer mag das auch?

👍 Gefällt mir   💬 Kommentieren   ↗ Teilen

	richtig	falsch
a. Frank ist der Nachname.	☐	☒
b. Er ist jetzt in Berlin.	☒	☐
c. Er mag Jazz.	☒	☐

Strategie:

Lesen Sie zuerst die Sätze (a.–c.), dann den Text. Markieren Sie die gefragten Informationen.

Tipp:

Nachname = Familienname

Jetzt Sie

1.

Lena Linde
Heute um 19:03 · München

Hallo. Ich bin Lena Linde. Lena ist mein Vorname. Ich komme aus Deutschland, aus München. Jetzt wohne ich in Athen. Ich spreche Deutsch, Englisch und Griechisch. Ich gehe gern shoppen und ich spiele Fußball. Ich mag keine Filme.

👍 Gefällt mir   💬 Kommentieren   ↗ Teilen

	richtig	falsch
a. Lena ist der Familienname.	☐	☐
b. Sie spricht Griechisch.	☐	☐
c. Sie geht gern ins Kino.	☐	☐

Schreiben

1 **Lesen Sie den Text und schreiben Sie die fünf fehlenden Informationen in das Formular.**

Beispiel

0. Nuria Fernandez Moreno kommt aus Malaga, Spanien. Sie spricht Englisch und Italienisch. Sie mag Kino und sie schwimmt sehr gern. Ihre Handy-Nummer ist: 0034 668 123455 und ihre E-Mail-Adresse ist nuri123@gmail.com.

Sprachschule Plurilingua – Deutsch A1

Nachname:	Fernandez Moreno
Vorname:	Nuría
Land:	Spanien
Sprachen:	Englisch, Italienisch
Hobbys:	Schwimmen und Kino
E-Mail-Adresse:	nuri123@gmail.com
Handy-Nummer:	0034 668 123455

Strategie 1:

Welche Infos fehlen?
Markieren Sie im Text.

Tipp:

Hobby:
Lesen Sie die Info auf Seite 10.

Jetzt Sie

1. Enzo Monti kommt aus Rom. Seine Handy-Nummer ist 0039 339 010 374 und seine E-Mail-Adresse ist enzo_monti@tiscali.it. Enzo spielt gern Fußball und er tanzt gern.

Nachname:	
Vorname:	
Land:	
Sprachen:	
Hobbys:	
E-Mail-Adresse:	enzo_monti@tiscali.it
Handy-Nummer:	0039 339 010 374

Strategie 2:

Kontrollieren Sie die
Wörter noch einmal.

Sprechen

1 **Stellen Sie sich vor.**

Beispiel

a. Lesen Sie die Fragen und Sevils Antworten.

Name?
Land?
Wohnort?
Adresse?

Ich heiße Sevil Tüken und ich komme aus der Türkei.
Ich wohne jetzt in Bremen, in der Erfurter Straße 284 a.

b. Lesen Sie weiter: Was fragt der Prüfer?

Prüfer: Wie ist Ihr Vorname?   Sevil: Sevil
        Bitte buchstabieren Sie das.   Es e vau i el.
        Danke.
        Haben Sie ein Handy?   Ja.
        Wie ist die Nummer, bitte?   0160 24 38 99 1
        Danke.

Jetzt Sie

Spielen Sie den Dialog mit Ihrem Partner / Ihrer Partnerin.

Wie ist Ihr Nachname?   _____

Bitte buchstabieren Sie das.   _____

Wie ist Ihre Hausnummer?   _____

Haben Sie ein Handy?   _____

Wie ist die Nummer, bitte?   _____
Danke.

Ich heiße _____.

Ich komme aus _____.

Ich wohne in _____.

2 **Sehen Sie die Karten an. Was kann man fragen?**

Thema: Hobby

reisen

Thema: Hobby

Sport machen

Thema: Sprachen

Deutsch

Thema: Sprachen

Japanisch

Beispiel

A: Machen Sie gern Sport?   B: Ja, ich spiele Fußball.   A: Machst du gern Sport?   B: Nein. Ich mache keinen Sport.
   Sprechen Sie Deutsch?   Ja, ein bisschen.   Sprichst du Englisch?   Ja, sehr gut.

Jetzt Sie

Spielen Sie Dialoge mit Ihrem Partner / Ihrer Partnerin.

A: Machen / machst ... Sport?   B: Ja, ich ... / Nein, ich ...
   Wohin reisen / reist ... gern?   Nach ...
   Sprechen / sprichst ...?   Ja, ... / Nein, ...

1 *Track 17*

Ergänzen Sie die Dialoge und hören Sie zur Kontrolle.

~~Guten Tag.~~ | Danke. Auf Wiedersehen. | ~~Guten Morgen.~~ | Eine Brezel bitte. | Was kostet die? | Drei Brötchen bitte. |
Bitte sehr. | Auf Wiedersehen. | Dann drei Vollkornbrötchen bitte. | Was darf es sein? | Guten Morgen. | 2 Euro 10.

1. Bäckerin: *Guten Morgen.* _____

   Kunde: _____

   Bäckerin: _____

   Kunde: _____

   Bäckerin: Gern.

   Kunde: _____

   Bäckerin: 80 Cent.

   Kunde: Bitte sehr.

   Bäckerin: _____

   Kunde: Auf Wiedersehen.

2. Kundin: *Guten Tag.* _____

   Bäcker: Guten Tag.

   Kundin: _____

   Bäcker: Die Vollkornbrötchen sind ganz frisch.

   Kundin: Gut. _____

   Was kosten die?

   Bäcker: _____

   Kundin: _____

   Bäcker: Danke. Auf Wiedersehen.

   Kundin: _____

2a

Ergänzen Sie.

~~sehr viel~~ | sehr gern | sehr wenig | viel | gern | kein | nicht gern

Beispiel: Sevil und Tayfun essen *sehr viel* Brot.

1. Tom und Lea, esst ihr _____ Brot?

   – Nein, wir essen _____ _____ Brot.

2. Jonas isst 🙁 _____ _____ Vollkornbrot.

3. Und du? Isst du 🙂 _____ Schwarzbrot?

   – Ja, ich esse 😀 _____ _____ Schwarzbrot.

4. Ich esse _____ Brot, und auch keine Brötchen.

2b

Markieren Sie die Formen von essen in 2a und ergänzen Sie die Tabelle.

ich		wir	
du		ihr	*esst*
er / sie / es		sie / Sie	

3

Was essen und trinken Sie zum Frühstück? Markieren Sie und schreiben Sie.

Vollkornbrot	immer	oft	selten	nie	Eier	immer	oft	selten	nie
Brötchen	immer	oft	selten	nie	Schinken	immer	oft	selten	nie
Butter	immer	oft	selten	nie	Käse	immer	oft	selten	nie
Marmelade	immer	oft	selten	nie	Kaffee	immer	oft	selten	nie
Honig	immer	oft	selten	nie	Tee	immer	oft	selten	nie
_____	immer	oft	selten	nie	_____	immer	oft	selten	nie

Schreiben Sie zwei Sätze: *Morgens* _____

_____

4a

Ein Quiz. Schreiben Sie die richtige Antwort.

Brötchen | Milch | Marmelade | Ei | Schinken | Bananen

1. Er ist mager oder fett, und er ist oft salzig.   *Das ist der* _____.

2. Sie sind süß und gesund.   Das sind _____.

3. Sie ist süß und nicht sehr gesund.   _____.

4. Man trinkt sie kalt oder warm.   _____.

5. Man isst es hart oder weich.   _____.

6. Frisch ist es lecker, alt ist es hart und langweilig.   _____.

4b

Markieren Sie Pronomen und Artikel in 4a wie im Beispiel.

der Mann   ≠   man

5

Was ist gleich? Verbinden Sie.

1. Zum Frühstück isst man in Deutschland oft Brot.
2. Mittags bei der Arbeit esse ich ein Käsebrot.
3. Ich esse gern Gummibärchen.
4. Die Deutschen essen gern Brot.
5. In den Pausen esse ich Gummibärchen.

a. In der Mittagspause esse ich ein Käsebrot.
b. In Deutschland mag man Brot.
c. Morgens essen die Deutschen oft Brot.
d. Zwischendurch esse ich Gummibärchen.
e. Ich mag Gummibärchen.

6

Was passt? Schreiben Sie.

das Stück, -e

ein Stück Schokolade →

Kaffee | Käse | B̶r̶o̶t̶ | Tee | Bier | Wein | Schinken | Butter | Milch

eine Scheibe: *Brot,* _____

ein Stück: *Brot,* _____

eine Tasse: _____

eine Flasche: _____

7a

Ergänzen und markieren Sie.

Beispiel: *der* Käse + *das* Brot = *das Käsebrot*

1. _____ Milch + _____ Kaffee = _____

2. _____ Käse + _____ Scheibe = _____

3. _____ Honig + _____ Brötchen = _____

7b

Korrigieren Sie die Wörter. Welches Bild passt?

a.

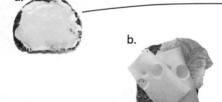

c.

Beispiel: d̶e̶r̶ ̶B̶r̶o̶t̶h̶o̶n̶i̶g̶ *das Honigbrot*

b.

1. der Brotschinken _____

2. der Brotkäse _____

3. die Brotbutter _____

d.

7c

Finden Sie 13 Wörter?

Honig | Tee | Flasche | Butter | Tasse | Wein | Scheibe | Milch | Brot | Schinken | Brötchen | Kaffee

das Honigbrot, _____

_____

_____

8a

Speisen und Getränke. Schreiben Sie die Wörter mit Artikel.

Beispiel: tAsafelpf *der Apfelsaft*

1. taSla _____

2. licMh _____

3. ncHnehäh _____

4. fafeKe _____

5. rneMilaswares _____

6. sturW _____

7. kinSchne _____

8. maoLinde _____

8b

Sortieren Sie die Wörter aus 8a.

Getränke: *der Apfelsaft,* _____

Speisen: *das H* _____

9a

Wir mögen Salat. Ergänzen Sie.

1. A: Ich *mag* (mögen) Wurst. _____ (essen) ihr auch gern Wurst?

   B: Nein, wir _____ (mögen) keine Wurst.

2. A: Guten Morgen, Frau Klein. _____ (essen) Sie heute in der Pause auch Sushi?

   B: Ja. _____ (mögen) Sie auch so gern Sushi?

   A: Ja, das _____ (essen) ich sehr gern.

3. A: Was _____ (essen) wir heute in der Mittagspause? Tom _____ (mögen) kein Fastfood.

   B: Aber du _____ (mögen) Salat, oder? Ich auch, und Tom auch. Wir _____ (essen) Salat, das ist gesund.

Info:

Ich mag Salat. = Ich esse gern Salat.
Er mag keine Wurst. = Er isst nicht gern Wurst.

9b

Markieren Sie die Formen von mögen in 9a. Ergänzen Sie die Tabelle.

ich	
du	
er / sie / es	

wir	
ihr	*mögt*
sie / Sie	

9c P

Und was mag Ihr Partner / Ihre Partnerin? Fragen Sie.

Magst du …
Isst du gern / oft / viel …?
Was trinkst du gern?

10 🔊 *Track 18*

Was ist richtig? Hören Sie und kreuzen Sie an.

1. Mia mag Hamburger mit	a. Senf. ☐	b. Ketschup. ☐	c. Pommes frites. ☐
2. Was trinkt Tim?	a. Einen Apfelsaft. ☐	b. Ein Mineralwasser. ☐	c. Eine Cola. ☐
3. Was essen Leo und Max?	a. Pommes frites. ☐	b. Pizza. ☐	c. Hamburger. ☐
4. Frau Kurz trinkt heute	a. keinen Tee. ☐	b. keinen Saft. ☐	c. keinen Kaffee. ☐

11a 🔊 *Track 19*

Sortieren Sie den Dialog und hören Sie zur Kontrolle.

☐ Oh nein, kein Bier! Habt ihr Mineralwasser?
☐ Gut. Hast du auch Hunger? Wir haben Käse, Wurst und Brot.
☐ Ja.
☐ Nein danke, ich habe keinen Hunger.
[1] Hast du Durst? Was trinkst du?
☐ Nein. Wir haben Cola, Bier …
☐ Dann nehme ich ein Mineralwasser.
☐ Habt ihr Apfelsaft?

11b

Markieren Sie die Formen von haben in 11a und ergänzen Sie die Tabelle.

ich	
du	
er / sie / es	*hat*

wir	
ihr	
sie / Sie	*haben*

11c

Spielen Sie den Dialog 11a.

12

Ina, Hanna und Timo haben Mittagspause. Schreiben Sie.

Freddys Imbiss

Speisen
☐ Bratwurst € 2,50
☐ Currywurst € 2,80
☐ Pommes frites € 1,90
☐ Pizza € 4,50
☒ Döner € 4,20

Desserts € 1,50
☒ Apfelstrudel
☐ Vanilleeis

Getränke € 1,50
☐ Cola
☐ Mineralwasser
☒ Apfelsaft

Extras € 0,30
☐ Senf ☐ Ketschup ☐ Majonäse

Ina

Freddys Imbiss

Speisen
☐ Bratwurst € 2,50
☒ Currywurst € 2,80
☐ Pommes frites € 1,90
☐ Pizza € 4,50
☐ Döner € 4,20

Desserts € 1,50
☒ Apfelstrudel
☐ Vanilleeis

Getränke € 1,50
☒ Cola
☐ Mineralwasser
☐ Apfelsaft

Extras € 0,30
☐ Senf ☒ Ketschup ☐ Majonäse

Timo

Freddys Imbiss

Speisen
☐ Bratwurst € 2,50
☐ Currywurst € 2,80
☒ Pommes frites € 1,90
☐ Pizza € 4,50
☐ Döner € 4,20

Desserts € 1,50
☐ Apfelstrudel
☐ Vanilleeis

Getränke € 1,50
☐ Cola
☐ Mineralwasser
☒ Apfelsaft

Extras € 0,30
☐ Senf ☒ Ketschup ☒ Majonäse

Hanna

Ina isst _____ und trinkt _____. Sie bezahlt

_____. Timo nimmt _____

_____. Das kostet _____. Hanna _____

_____. Sie _____ kein _____. Sie bezahlt _____

13a

Was ist gleich? Verbinden Sie.

1. Was darf es sein?
2. Was macht das?
3. Lecker.
4. Ich nehme …
5. Und für Sie?

a. Ich bestelle …
b. Das schmeckt gut.
c. Was kostet das?
d. Und was nehmen Sie?
e. Was nehmen Sie?

13b

Süß und lecker. Was nimmst du? Fragen Sie Ihren Partner / Ihre Partnerin.

die Sachertorte | der Käsekuchen | die Birne Helene | das Vanilleeis | der Apfelstrudel

A: Nimmst du die … oder den …?   B: Ich nehme …

13c

Spielen Sie eine Situation im Café.

14

Richtig schreiben: Kombinieren Sie.

Beispiel: Honig *Honigbrot*

1. Vanille _____
2. Mineral _____
3. Imbiss _____
4. Apfel _____

5. Curry _____
6. Fuß _____
7. Computer _____
8. Post _____

Info:

~~Honig Brot~~   Honigbrot

Saft   Eis
Wurst
Stand   Spiel   Ball
~~Brot~~   Karte   Wasser

15a

Ergänzen Sie.

Max und Lea essen zum Frühstück gern *eine* Scheibe Schwarzbrot mit Käse und sie trinken _____ Tee.

Moritz isst selten Brot. Er isst immer _____ Müsli mit Milch und trinkt _____ Saft.

Paul mag k_____ Müsli und k_____ Brötchen. Er isst jeden Morgen _____ Banane und trinkt

_____ Tasse Kaffee mit Milch. Oder er isst _____ Ei oder _____ Schinkenbrot.

das Müsli, -s

15b

Wie ist Ihr Frühstück? Schreiben Sie.

_____

_____

_____

1a

Schreiben Sie die Wörter.

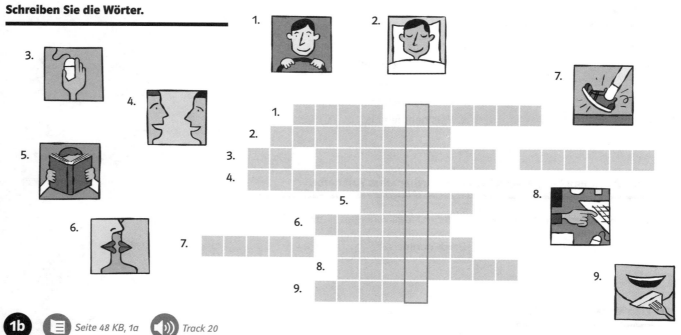

1b 📄 *Seite 48 KB, 1a* 🔊 *Track 20*

Hören Sie noch einmal und kreuzen Sie an: a oder b?

1. Die Deutschen schlafen ☐ a. 24 Jahre und 5 Monate. ☐ b. 42 Jahre und 5 Monate.
2. Die Deutschen sehen ☐ a. 21 Jahre und 3 Monate fern. ☐ b. 12 Jahre und 3 Monate fern.
3. Die Deutschen surfen ☐ a. 4 Jahre und 4 Monate im Internet. ☐ b. 4 Jahre und 3 Monate im Internet.
4. Die Deutschen küssen ☐ a. 2 Wochen. ☐ b. 2 Monate.

2

Ergänzen Sie die Wochentage.

		Mittwoch				

3

Was passt? Schreiben Sie.

Jahr | Monat | Woche | Tag | Wochenende

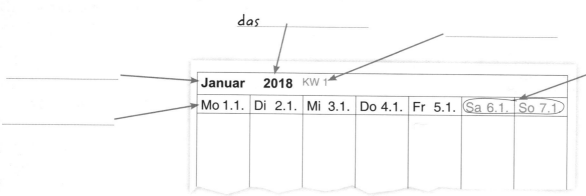

4a

Ich und du. Ergänzen Sie.

essen | schlafen | lesen | fahren | sprechen

Beispiel: Ich *esse* gern Pizza. Du *isst* nicht gern Pizza.

1. Ich ⬚ jede Nacht acht Stunden. Du ⬚ sehr wenig.

2. Ich ⬚ nicht gern. Du ⬚ viel, Zeitungen und Bücher.

3. Ich ⬚ nur Deutsch. Du ⬚ Italienisch, Französisch und Englisch.

4. Ich ⬚ jeden Tag Auto. Du ⬚ selten Auto.

4b

Was machen Sie gern? Kreuzen Sie an und fragen Sie Ihren Partner / Ihre Partnerin. 🙍🙍

	ja	nein
Kuchen essen	☐	☐
schlafen	☐	☐
Zeitung lesen	☐	☐
Sport machen	☐	☐
fernsehen	☐	☐
Musik hören	☐	☐

> Ich esse gern Kuchen.
> Isst du auch gern Kuchen?

4c

Stellen Sie Ihren Partner / Ihre Partnerin vor.

… isst (nicht) gern Kuchen. Er / Sie …

5

Ergänzen Sie: am, um, von … bis.

1. Tom Broschek arbeitet ⬚ 8 ⬚ 17 Uhr. ⬚ 12 Uhr ist Mittagspause. ⬚ Wochenende hat er frei.

2. Jana Mahl arbeitet ⬚ 8 ⬚ 19 Uhr. Manchmal arbeitet sie auch ⬚ Samstag.

3. Aylin Torun ist ⬚ Montag ⬚ Freitag ⬚ 9 ⬚ 16 Uhr in der Uni. ⬚ 13 Uhr macht sie Pause.

4. Sven Bode arbeitet ⬚ 7 ⬚ 14 Uhr im Hotel. ⬚ 11 Uhr macht er Pause. ⬚ Montag hat er frei.

6

Lesen Sie den Text und schreiben Sie Fragen.

Jens Klein ist Bäcker von Beruf. Er arbeitet von 3 bis 11 Uhr. Er arbeitet auch am Samstag. Am Montag hat er frei. Am Nachmittag schläft er, dann geht er ins Kino oder er sieht fern.

Info:

Was ist er von Beruf? =
Was macht er beruflich?

1. Was ist Jens Klein von _____ ?

2. Wie lange _____

3. Was macht er _____

4. Wann hat _____

7a

Sortieren und schreiben Sie die Fragen.

~~Was arbeitest~~ | machst du abends? | ~~du im Moment?~~ | Was | frei? | von Beruf? | Wann hast du | arbeitest du? | Wie viele | Stunden arbeitest du? | Was bist du | Wie lange

Was arbeitest du im Moment?

7b **P**

Fragen Sie Ihren Partner / Ihre Partnerin. 👥

A: Was arbeitest du im Moment?   B: Ich jobbe im Restaurant.
                                      Wann hast du frei?

A: Am Mittwochnachmittag.
   Wie viele …

8a 📄 *Seite 51 KB, 5a* 🔊 *Track 21*

Welche Zeit hören Sie? Kreuzen Sie an.

☐ 06:05   ☐ 06:15   ☐ 06:20   ☐ 07:00   ☐ 07:05   ☐ 07:45

8b

Schreiben Sie eine Uhrzeit und fragen Sie. 👥

A: Wie spät ist es? / Wie viel Uhr ist es?   B: Es ist … Uhr.

9

Was sagt Frau K? Schreiben Sie die Sätze in das Satzmodell.

Beispiel: aufwachen: Ich / um 7 Uhr   *Ich wache um 7 Uhr auf.*

1. losfahren: Mein Mann / um 7 Uhr _____ .

2. aufstehen: Ich / um 7.30 Uhr _____ .

3. losfahren: Ich / um 10 Uhr _____ .

4. anfangen: Der Sportkurs / um 10.30 Uhr _____ .

5. auspacken: Ich / die Tasche _____ .

Ich habe frei! Wundervoll!

10a

Schreiben Sie Fragen.

Beispiel: aufwachen: *Wann wachst du auf?*

aufstehen: _____

losfahren: _____

der Arbeitstag – anfangen: _____

10b

Fragen Sie Ihren Partner / Ihre Partnerin.

A: Wann wachst du auf?   B: Ich wache um … Uhr auf. Und du?

11 🔊 *Track 22* **P**

Neu auf der Arbeit. Hören Sie und kreuzen Sie an.

1. Wann beginnt die Arbeit?
☐ a. Um 7.00 Uhr.
☐ b. Um 7.30 Uhr.
☐ c. Um 8.30 Uhr.

2. Wann ist Mittagspause?
☐ a. Von 12.00 bis 13.30 Uhr.
☐ b. Von 12.30 bis 13.00 Uhr.
☐ c. Von 12.00 bis 12.30 Uhr.

3. Bis wann geht der Arbeitstag?
☐ a. Bis 16.00 Uhr.
☐ b. Bis 18.00 Uhr.
☐ c. Bis 6 Uhr.

12 📄 *Seite 52 KB*

Lesen Sie den Text noch einmal. Was ist richtig?

		richtig	falsch
Sonntag 10.30 Uhr:	Eric schläft bis 10.00 Uhr.	☐	☐
	Eric macht eine Party.	☐	☐
Sonntag 12.45 Uhr:	Eric will gern einkaufen.	☐	☐
	Die Geschäfte haben am Sonntag zu.	☐	☐
Sonntag 15.00 Uhr:	Anna will nicht spazieren gehen.	☐	☐
	Mit Freunden ist der Sonntag schön.	☐	☐

SONNTAG *Ruhetag*

13

Ergänzen Sie: will, willst, wollen, wollt.

A: _____ ihr ins Kino gehen?

B: Ja, wir _____ Star Wars VIII sehen.

A: Ich _____ aber nicht.

B: Du _____ nicht? Warum nicht?

A: Ich _____ zu Hause bleiben.

B: Wir _____ aber nicht zu Hause bleiben.

A: Moment mal. _____ Peter auch ins Kino?

B: Ja, er _____ auch ins Kino.

A: Ach, Peter geht auch ins Kino … Gut, ich _____ auch!

14

Schreiben Sie die Sätze in das Satzmodell.

Beispiel: Ich: am Sonntag / bis 11.00 Uhr schlafen

Ich will am Sonntag bis 11.00 Uhr schlafen. Am Sonntag will ich bis 11.00 Uhr schlafen.

1. Meine Freunde: am Sonntag / ins Theater gehen

_____   _____ .

_____   _____ .

2. Rita: am Dienstag / Deutsch lernen

_____   _____ .

_____   _____ .

3. Wir: am Donnerstag / Sport machen

_____   _____ .

_____   _____ .

15a   *Track 23*

Was muss Jens machen? Was will er machen? Hören und verbinden Sie.

Montag   essen gehen
Dienstag   mit Carla wegfahren   Das will er machen.
Mittwoch   arbeiten
Donnerstag   zum Sport   Das muss er machen.
Freitag   nichts machen

15b

Was müssen oder wollen Sie heute und morgen machen? Schreiben Sie.

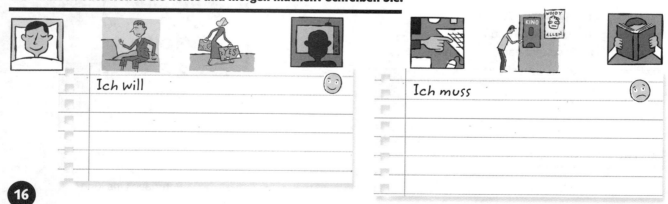

Ich will 😊

Ich muss ☹

16

Ergänzen Sie: muss, musst, müssen, müsst.

A: Wir _____ schnell machen, der Film fängt an!

B: Ich _____ noch telefonieren.

A: Du _____ telefonieren? Jetzt?

B: Ich _____ Lisa anrufen.

Sie _____ morgen früh ins Büro kommen. _____

ihr noch die Kinokarten kaufen?

A: Ja, das _____ wir! Da, ich höre Peters Auto.

B: Peter ist da? Gut, ich schreibe Lisa eine E-Mail.

17a

Wie spät ist es? Schreiben Sie.

a. *Viertel* _____

b. _____

c. _____

d. _____

17b

Wann machen Sie was? Schreiben Sie die Uhrzeit.

aufstehen: um _____

einkaufen: um _____

zur Arbeit gehen: um _____

frühstücken: um _____

zu Abend essen: um _____

schlafen gehen: um _____

17c

Ratespiel – Was mache ich wann?

A: Was mache ich um Viertel nach sechs?
   Nein, da frühstücke ich.
   Was mache ich um …

B: Um Viertel nach sechs stehst du auf.

18 *Track 24*

Hören Sie und kreuzen Sie an.

1. Wie spät ist es?
   a. ☐   b. ☐   c. ☐

2. Wann beginnt der Film?
   a. ☐   b. ☐   c. ☐

3. Wann kommt der Bus?
   a. ☐ 9:33   b. ☐ 9:35   c. ☐ 9:30

19

Richtig schreiben: ä, ö, ü?

Schon so spät! Der Bus fahrt immer punktlich los, um funf nach sieben. Ich mochte noch schlafen …

20

Lesen Sie die Nachricht. Was ist richtig? Kreuzen Sie an.

Liebe Mama,
juhu, die Uni ist aus. Ich fahre am Samstag mit dem Bus von Bremen nach Hause. Um 12.30 Uhr bin ich in Berlin. Um 14.00 Uhr fahre ich weiter nach Dresden. Ich bin um 17.30 Uhr da. Kommst du zur Bushaltestelle?
Bis bald, Hanna

14:58

	richtig	falsch
a. Hanna ist Studentin.	☐	☐
b. Hanna fährt nach Bremen.	☐	☐
c. Hanna ist um halb sechs in Dresden.	☐	☐
d. Die Mutter ist in Berlin.	☐	☐

Hören

1 **Wo kann man Durchsagen hören? Kreuzen Sie an.**

1. im Büro ☐
2. zu Hause ☐
3. im Bus ☐
4. im Supermarkt ☐
5. am Imbissstand ☐
6. an der Bushaltestelle ☐

2 **Kreuzen Sie an: richtig oder falsch?**

Strategie:

1. Sätze lesen. Welche Informationen brauchen Sie?
2. Dialoge komplett hören: Was ist die wichtige Information?
3. Ankreuzen: richtig oder falsch?

Beispiel 🔊 *Track 25*

0. Man kann jeden Tag von 8:00 bis 18:00 einkaufen. ☐ richtig ☒ falsch

Sie hören:

Sehr geehrte Kunden!
Wir sind Montag bis Samstag von 8 bis 18 Uhr für Sie da. ⟶ Sonntags kann man nicht von 8:00 bis 18:00 Uhr einkaufen. → falsch
Und sonntags von 10 bis 12 Uhr.
Wir freuen uns auf Ihren Einkauf.

Jetzt Sie 🔊 *Track 26*

1. Der Bus Nr. 11 fährt nach Frankfurt-City. ☐ richtig ☐ falsch
2. Die Sporttasche kostet 34,99 €. ☐ richtig ☐ falsch
3. Der Bus Nr. 21 fährt jeden Tag bis 5 Uhr morgens. ☐ richtig ☐ falsch
4. Ein Kilogramm Birnen kostet 1,79 €. ☐ richtig ☐ falsch

Tipp:

– Sie hören die vier Texte nur einmal. Hören Sie auf die wichtigste Information.
– Sie sind nicht sicher? Kreuzen Sie trotzdem eine Antwort an!

Lesen

1 **Lesen Sie zwei WhatsApp-Nachrichten. Kreuzen Sie an: richtig oder falsch?**

Strategie:

Lesen Sie zuerst den Satz 1, dann den Text. Markieren Sie die gefragten Informationen.

Hallo Nina,
es ist jetzt 18.55 Uhr. Ich komme um 19.30 Uhr an. ⟵ 18.55 Uhr – 19.30 Uhr = 35 Minuten?
Holst du mich vom Bahnhof ab?
Klemens   18:55 ✓

1. Klemens kommt in 35 Minuten an. ☐ richtig ☐ falsch

Tipp:

Beispiel finden Sie auf S. 17.

Hallo Klemens,
ich bin noch im Büro. Ich muss heute bis 19.30 Uhr arbeiten. Nimmst du den Bus oder ein Taxi? Es ist die Buslinie 35. Du musst dann noch 5 Minuten zu Fuß gehen. Peter ist zu Hause. Ich komme um ca. 20.00 Uhr.
Bis bald, Nina
                                             18:56 ✓

2. Klemens muss ein Taxi nehmen. ☐ richtig ☐ falsch
3. Nina kommt um 8.00 Uhr abends nach Hause. ☐ richtig ☐ falsch

2 **Lesen Sie die Frage und die Speisekarten. Kreuzen Sie an: a oder b?**

Beispiel

0. Jonas möchte Sushi essen. Wohin geht er?

LECKER-IMBISS

Currywurst	3,60
Burger	5,40
Hähnchen	6,00

ASIA-IMBISS

Wang-Tong-Reis	6,50 €
Sushi	8,00 €
Hühnchen süßsauer	8,40 €

Der Asia-Imbiss hat Sushi. → b

a ☐ Lecker-Imbiss   b ☒ Asia-Imbiss

Jetzt Sie

1. Jana hat nur 6 Euro für Essen und ein Getränk. Wohin geht sie?

LECKER-IMBISS

Currywurst	3,60
Burger	5,40
Hähnchen	6,00
Apfelsaft	1,00
Cola	1,00

ASIA-IMBISS

Wang-Tong-Reis	6,50 €
Sushi	8,00 €
Hühnchen süßsauer	8,40 €
Cola	1,20 €
Apfelsaft	1,20 €

a ☐ Lecker-Imbiss   b ☐ Asia-Imbiss

Schreiben

1 **Anrede und Gruß in E-Mails: Sortieren Sie.**

~~Hallo Tina~~ | Lieber Herr Kurz | Hi Tom | Liebe Frau Wolf | Sehr geehrte Frau Wolf | Sehr geehrter Herr Kurz | Alles Liebe |
Sehr geehrte Damen und Herren | Viele Grüße | Bis bald | Liebe Grüße | Herzliche Grüße | Mit freundlichen Grüßen

Sie	**du**
_____	Hallo Tina
_____	_____
_____	_____
_____	_____
_____	
_____	

Tipp:

– E-Mails an Freund oder Freundin: du
– Offizielle E-Mails, zum Beispiel an
  eine Sprachschule: Sie

2 **Sie möchten in der Sprachschule „DaF aktiv" in Leipzig einen Deutschkurs machen. Schreiben Sie eine E-Mail an die Schule.**

Beispiel

0. Schreiben Sie zu jedem Punkt ein bis zwei Sätze (ca. 30 Wörter). Schreiben Sie auch eine Anrede und einen Gruß.

– Wann wollen Sie den Kurs machen? Wie lange?
– Termine?
– Preise?

So kann die E-Mail aussehen:

Anrede — Wie lange? — Wann?

Betreff: Deutschkurs   _ ⊟ ✕

Sehr geehrte Damen und Herren,
ich komme morgen für drei Monate nach Leipzig und möchte Deutsch lernen. Haben Sie
Kurse am Vormittag? Ich habe montags oder mittwochs Zeit. Wann fangen die Kurse an
und was kosten sie?
Danke und herzliche Grüße
Matías Ramos

Preise? — Termine? — Gruß

Jetzt Sie

1. Schreiben Sie zu jedem Punkt ein bis zwei Sätze. Schreiben Sie auch eine Anrede und einen Gruß.

– Wann sind Sie in Köln?
– Sie möchten am Wochenende lernen. Sagen Sie auch, warum.
– Preise?

a. Lesen Sie zuerst die Sätze. Was passt nicht zu der E-Mail? Streichen Sie.

Wann sind Kurse am Vormittag? | Ich komme in zwei Wochen für sechs Monate nach Köln | ~~Muss ich Geld bezahlen?~~ |
Sind die Kurse gut? | Haben Sie auch Kurse am Wochenende? | Wer lernt Deutsch nachmittags oder am Wochenende? |
und möchte einen Deutschkurs machen. | Deutschkurs am Wochenende | Sehr geehrte Damen und Herren, |
Wie viel kosten die Kurse bei „Deutsch mit Spaß"? | Leider muss ich in der Woche arbeiten, auch abends.

b. Schreiben Sie jetzt die E-Mail. Sie können dafür Sätze aus a. nehmen.

Betreff: _ ⊟ ✕

Sprechen

1 **Fragen Sie Ihren Partner / Ihre Partnerin und antworten Sie auf Fragen.**

Thema: Hobby	Thema: Hobby	Thema: Arbeit
im Internet surfen	**lesen**	**aufstehen**

Thema: Arbeit	Thema: Essen	Thema: Essen
Beruf	**Fast Food**	**Frühstück**

Strategie:

1. Sehen Sie die Karten an.
2. Was möchten Sie ihren Partner / Ihre Partnerin fragen? Stellen Sie eine W-Frage zu einer Karte.
3. Ihr Partner / Ihre Partnerin antwortet.
4. Jetzt nimmt Ihr Partner / Ihre Partnerin eine andere Karte und stellt eine **andere** W-Frage.

Beispiel

A: Was liest du gern?

B: Ich mag Krimis, und ich lese viele Zeitschriften.

Anderes Fragewort!

B: Wann frühstückst du?

A: Um sieben oder halb acht.

Tipp:

W-Fragen, zum Beispiel:
Wie lange? Wie oft? Wann? Was? Wer? Wo?

Jetzt Sie

Üben Sie mit Ihrem Partner / Ihrer Partnerin.

2 **Wählen Sie eine Bitte und fragen Sie Ihren Partner / Ihre Partnerin. Er / Sie sagt eine passende Antwort.**

Bitten:

Kaufst du bitte Brot?
Kann ich ein Glas Milch haben?
Hast du Milch zum Kaffee?
Wollen wir ins Kino gehen?
Ich habe Durst. Hast du Wasser?
Wollen wir …
Kann ich …
Hast du …

Positive Antworten:

Ja, sicher.
Ja, gern.
Gern, wann denn?
Klar. Weißbrot oder Schwarzbrot?
Ja, im Kühlschrank ist eine Flasche.
Okay, ich kaufe heute Nachmittag ein.
Kein Problem.

Negative Antworten:

Nein, leider nicht.
Tut mir leid, ich habe keine Zeit.
Ich kann leider nicht.
Ich muss arbeiten, tut mir leid.

1a

Finden Sie 8 Familien-Wörter und schreiben Sie sie mit Plural.

N	M	S	G	W	V	X	F	I
T	O	C	H	T	E	R	M	E
K	N	H	Y	A	P	I	U	F
W	K	W	S	O	H	N	T	G
X	E	E	B	O	T	T	T	Y
T	L	S	I	V	A	T	E	R
C	Z	T	M	S	N	N	R	H
H	U	E	B	Q	T	R	G	I
O	B	R	U	D	E	R	F	M

der Sohn _____   die Söhne _____

_____   _____

_____   _____

_____   _____

_____   _____

_____   _____

_____   _____

_____   _____

1b

Ergänzen Sie.

Beispiel: die Großmutter + der Großvater = *die Großeltern*   2. die Tochter + der Sohn = _____

1. die Mutter + der Vater = _____   3. die Schwester + der Bruder = _____

2a *Seite 60/61 KB*

Familie. Lesen Sie die Texte noch einmal und antworten Sie.

Beispiel: Wer sind Mareike und Christoph? *Sie sind die Eltern von Leo.*

1. Wer ist Andrea? _____

2. Wer ist Josef? _____

3. Ist Andrea verheiratet? _____

4. Wer ist Robin? _____

5. Ist Toni das Kind von Rita? _____

6. Wie heißen die Zwillinge? _____

7. Wie alt ist der Sohn von Heide und Fabian? _____

2b

Verbinden Sie.

1. Sind Sie die Eltern?   a. Nein. Paul ist unser erstes Kind.
2. Sind Sie die Mutter von Mia?   b. Nein, ich bin Single.
3. Haben Sie schon Kinder?   c. Ja, ich bin die Mutter und Paul ist der Vater.
4. Sind Sie verheiratet?   d. Ja, eine Schwester.
5. Haben Sie Geschwister?   e. Nein, ich bin die Tante.

3

Was passt? Verbinden Sie und ergänzen Sie haben oder sein.

1. *Habt* ihr am Samstag und Sonntag Zeit?
2. Meine Großmutter _____ schon sehr alt.
3. Wir _____ Großeltern. Das _____ so schön!
4. Ich _____ nicht verheiratet.
5. Eric will einkaufen, aber es _____ Sonntag.

a. Ich _____ Single.
b. _____ ihr am Wochenende frei?
c. Sie _____ achtundneunzig.
d. Wir _____ einen Enkel. Wir _____ so glücklich!
e. Er _____ kein Glück – die Geschäfte _____ zu.

4

Positiv (+) oder negativ (−)? Sortieren Sie.

hübsch | sympathisch | süß | langweilig | <u>unsympathisch</u> | interessant | <u>nett</u> | glücklich | unglücklich | hässlich

+
nett, _____

−
unsympathisch, _____

5a

Alinas Familie. Was ist richtig? Kreuzen Sie an.

Meine Familie ist international. Ich habe zwei Geschwister: eine Schwester und einen Bruder. Luisa ist zehn und Pablo dreizehn. Meine Mutter kommt aus Spanien und mein Vater kommt aus Kanada. Mit Mama sprechen wir Spanisch und mit Papa Englisch. Mein Vater hat zwei Geschwister. Sein Bruder heißt Marc und seine Schwester heißt Kate. Mein Onkel Marc ist verheiratet und lebt mit Tante Monica in der Schweiz. Meine Tante Kate ist Single und lebt in Toronto. Meine Mutter hat zwei Schwestern und einen Bruder: Tante Nuría, Tante Sara und Onkel José. Meine Tanten wohnen in Spanien und mein Onkel wohnt in Australien.

☐ 1. Alina hat zwei Schwestern.
☐ 2. Pablo ist 10 Jahre alt.
☐ 3. Die Mutter von Alina kommt aus Spanien.

☐ 4. Der Bruder von Alinas Vater wohnt in der Schweiz.
☐ 5. Alinas Tante Kate ist verheiratet.
☐ 6. Die drei Geschwister von Alinas Mutter leben in Spanien.

5b

Markieren Sie in 5a die Possessivartikel.

5c

Alinas Familie – Finns Familie. Schreiben Sie Sätze.

Alina:
Mutter: ist 38 Jahre alt
Vater: ist 41
Onkel: ist verheiratet
Großeltern: reisen viel

Beispiel: *Ihre Mutter ist achtunddreißig Jahre alt.*

1. _____
2. _____
3. _____

Finn:
Mutter: ist Taxifahrerin
Vater: arbeitet im Krankenhaus
Onkel: heißt Michael
Großeltern: heißen Hilde und Klaus

Seine Mutter ist Taxifahrerin.

4. _____
5. _____
6. _____

6a

Unsere Fotos. Ergänzen Sie.

mein | mein | ~~meine~~ | meine | dein | deine | deine | seine | unsere | euer | eure | Ihr

1. Das sind *meine* Kinder: _____ Sohn Lars und _____ Tochter Caro.

2. Ist das _____ Auto, Herr Kunze? – Ja, schön, oder? Es ist alt, aber es fährt noch gut.

3. Liv, _____ Deutschkurs sieht echt nett aus!

4. Sind das _____ Geschwister, Fred? Ist _____ Schwester verheiratet?

   – Nein, aber _____ Bruder. _____ Frau kommt aus Schweden.

5. Hallo Sonja, hallo Uli. _____ Haus ist schön groß! Wohnen noch _____ Kinder da?

   – Ja, _____ Kinder sind noch alle zu Hause.

6b

Ergänzen Sie die Tabelle.

	der / das	die	die (Plural)
ich	_____ Sohn	_____ Schwester	_____ Kinder
du	_____ Deutschkurs	_____ Schwester	_____ Geschwister
er / es	*sein* Onkel	_____ Frau	*seine* Großeltern
sie	*ihr* Mann	*ihre* Mutter	*ihre* Söhne
wir	*unser* Auto	*unsere* Familie	_____ Kinder
ihr	_____ Haus	*eure* Tante	_____ Eltern
sie / Sie	_____ / _____ Kind	_____ / _____ Tochter	*ihre / Ihre* Töchter

6c

Schreiben Sie über Ihre Familie.

Eltern – Geschwister – Onkel – Tante – Mann – Frau – Kinder
Wie heißen sie? Wo wohnen sie? Wie alt sind sie? Was machen sie gern?

_____

_____

_____

_____

6d **P**

Fragen Sie Ihren Partner / Ihre Partnerin.

A: Hast du Geschwister?
  Wie heißen sie?
  Wie alt sind sie?

B: Ja, eine Schwester / zwei Brüder / ...
  Mein Bruder / Meine Schwester heißt ...
  Sie sind ... Und du? Hast du auch ... ?

7a

Denk positiv! Kreuzen Sie den richtigen Tipp an.

1. Du denkst negativ?	☐	a. Denk positiv!	☐	b. Denkt positiv!	
2. Ihr lacht selten?	☐	a. Du lachst oft!	☐	b. Lacht oft!	
3. Du hast kein Ziel?	☐	a. Hab ein Ziel!	☐	b. Du hast ein Ziel!	
4. Du stehst spät auf?	☐	a. Früh aufstehen!	☐	b. Steh früh auf!	
5. Ihr seid nicht neugierig?	☐	a. Seid ihr neugierig!	☐	b. Seid neugierig!	
6. Du nimmst alles schwer?	☐	a. Alles nimmst du leicht!	☐	b. Nimm es leicht!	

Info:

nehmen:	~~du nimmst~~ → Nimm!
	~~ihr nehmt~~ → Nehmt!
essen:	du isst → Iss!
	ihr esst → Esst!

! haben: Hab! Habt!
sein: Sei! Seid!

7b

Geben Sie Tipps!

die Wörter lernen | ein Buch lesen | ~~viel Spaß haben~~ | mutig sein | auch Salat essen | einen Freund anrufen | neugierig sein

Beispiel: Wir fahren am Samstag nach Italien. *Habt viel Spaß!*

1. Wir haben Angst. _____

2. Wir essen nur Fast Food. _____

3. Ich sehe viel fern. _____

4. Ich schreibe am Mittwoch einen Test. _____

5. Ich bin nicht glücklich. _____

6. Mein Leben ist langweilig. _____

8a

Möchten oder können? Ergänzen Sie.

kann | kannst | können | ~~können~~ | könnt | möchte | möchte | möchte | möchtest | möchten | möchten | möchtet

1. Mein Bruder und ich **können** gut surfen. Wir _____ einen Sportshop haben und Surfboards verkaufen.

2. Meine Großeltern _____ in Portugal leben. Sie _____ noch kein Portugiesisch, aber sie machen einen Kurs.

3. Marisa _____ gut schreiben. Sie _____ gern als Journalistin arbeiten.

4. _____ du Gitarre spielen? – Nein, aber ich _____ es lernen.

5. Wo _____ du gern wohnen? – Ich _____ gern in der Schweiz wohnen.

6. _____ ihr Salsa tanzen? Wir machen eine Salsa-Party, _____ ihr kommen?

8b

Salsa tanzen, surfen, singen? Was findet Ihr Partner / Ihre Partnerin spannend? Fragen Sie. 👥

A: Kannst du …?
   Möchtest du es lernen?
   Wie findest du das?

B: Ja, ich kann (gut) … Nein, leider nicht.
   Ja, ich möchte (gern) … Und ich …
   Ich finde das spannend / lustig / toll / interessant / wunderschön / …
   Und du?

9 📄 *Seite 66 KB*

Lesen Sie das Interview noch einmal. Was ist richtig? Kreuzen Sie an.

1. Hatte Frau Winnemuth als Frau alleine Angst?
☐ a. Ja, sie hatte immer viel Angst.
☐ b. Sie hatte nur am Anfang Angst.

2. Wie war ihre Weltreise?
☐ a. Sie war langweilig.
☐ b. Sie war interessant.

3. Was findet Frau Winnemuth wichtig?
☐ a. Geld
☐ b. Träume

4. Was war für Frau Winnemuth komisch?
☐ a. Sie hatte wenig Zeit und Geld.
☐ b. Sie war frei und hatte viel Zeit.

10

Ergänzen Sie.

bin | war | ~~war~~ | sein | hatte | hatte | habe | waren | waren | ist | waren

2015 *war* ich in Sydney. Das _____ in Australien. Es _____ toll. Ich _____ viel Spaß.

Ich _____ einen Freund in Australien, er heißt Bruce. Er _____ frei und wir _____

zusammen im Zoo. Die Kängurus _____ cool! Die Leute in Sydney _____ alle sehr nett.

Jetzt _____ ich wieder zu Hause, aber ich möchte in Australien _____!

11a

Welche Antwort ist richtig? Kreuzen Sie an.

1. Was darf es sein?
☐ a. Wir können die Speisekarte sehen, bitte.
☐ b. Wir möchten die Speisekarte sehen, bitte.

2. Schreibt eure Tochter gern?
☐ a. Sie ist zwei, Tante Ilse! Sie kann noch nicht schreiben.
☐ b. Sie ist zwei, Tante Ilse! Sie will noch nicht schreiben.

3. Ich muss um sechs Uhr aufstehen.
☐ a. Dann musst du jetzt schlafen.
☐ b. Dann willst du jetzt schlafen.

4. Ich habe Durst.
☐ a. Möchtest du einen Apfelsaft trinken?
☐ b. Musst du einen Apfelsaft trinken?

11b

Schreiben Sie die Sätze in das Satzmodell.

Beispiel: immer pünktlich / Du / sein / musst   *Du musst immer pünktlich sein.*

1. Er / heiraten / seine Traumfrau / will

_____ .

2. arbeiten / Ich / möchte / nie mehr

_____ .

3. sehr schön / kann / sein / Das Leben

_____ .

11c

Ergänzen Sie die Formen von wollen, müssen, können, möchten.

ich
er / sie / es — will _____

du

12 🔊 *Track 27* **P**

Hören Sie und kreuzen Sie die richtige Antwort an.

1. ☐ a. Pia will nicht tanzen gehen.
   ☐ b. Pia muss am Samstag arbeiten.

2. ☐ a. Lena will Pablo keine Mail schreiben.
   ☐ b. Nils kann Spanisch.

3. ☐ a. Tim kann am Sonntag lange schlafen.
   ☐ b. Tim muss früh aufstehen und lernen.

4. ☐ a. Herr Kunz will nach Hamburg fahren.
   ☐ b. Herr Kunz kann nicht kommen.

5. ☐ a. Frau Schneider muss leise sprechen.
   ☐ b. Herr Meder kann Frau Schneider nicht verstehen.

6. ☐ a. Sven möchte auch etwas essen.
   ☐ b. Sven will nicht essen, er will telefonieren.

13

Richtig schreiben: Viele Konsonanten. Schreiben Sie die Wörter richtig.

S~~w~~charzbrot | smchecken | Gehscwister | Shcwester | nhcsell | Shcweiz | slhcafen | Sclhüssel | wschimmen

Schwarzbrot, _____

14 **P**

Nehmen Sie eine Themenkarte und fragen Sie Ihren Partner / Ihre Partnerin. 👥

Thema: Wunschträume
Land

Thema: Wunschträume
Beruf

Thema: Wunschträume
Familie

Thema: Wunschträume
Haus

A: Wo …   möchtest du / willst du …
   Was …   kannst du …

B: Ich möchte / will …
   Dann kann ich … Dann muss ich nicht …
   Das ist toll. Das ist mein Traum.

viele Sprachen sprechen – arbeiten – früh aufstehen – pünktlich sein – tanzen – singen – eine Weltreise machen – Garten –
einen Bestseller schreiben – viele Kinder haben – mein/en Traumfrau / Traummann finden

1a

Was macht man wo? Ordnen Sie zu.

1. Sehenswürdigkeiten sehen
2. einen Cocktail trinken
3. eine Pause machen

4. tanzen
5. frühstücken
6. ein Museum besuchen

7. die Aussicht genießen
8. essen
9. einkaufen gehen

1b *Seite 91 KB*

Lesen Sie den Text im Kursbuch noch einmal und schreiben Sie.

Was macht man am Vormittag / Nachmittag / Abend?

Am Vormittag frühstückt man, man _____ und _____ .

Am Nachmittag _____

2a

in, an, auf: Schreiben Sie.

1. auf _____
2. _____
3. _____

4. _____
5. _____
6. _____

7. _____
8. _____
9. _____

2b

Wo ist Paul? Schreiben Sie.

der Turm | das Hotel | die Bar | die Haltestelle | der Bus | das Café | die Straße

Beispiel: Paul denkt: Der Kaffee schmeckt super hier. *Paul ist im Café.*

1. Paul denkt: Da kommt der Bus. _____

2. Paul denkt: Die Aussicht ist toll! _____

3. Paul denkt: Der Cocktail ist lecker! _____

4. Paul denkt: Jetzt schlafe ich eine Stunde. _____

5. Paul denkt: So viele Geschäfte! _____

6. Paul denkt: Man kann sitzen und sieht so viel! _____

Info:

der Turm – im / am / auf dem Turm
das Haus – im / am / auf dem Haus
die Straße – in der / an der / auf der Straße

2c

Nachrichten aus Berlin: Ergänzen Sie.

auf dem | ~~in~~ | im | im | im | am

Liebe Mara,
ich bin jetzt _in_ Berlin.
Ich sitze an der Spree
_____ Café und schreibe.
Es ist sehr schön.
☺ Ella   10:12 ✓✓

Ich bin _____ Fernsehturm und
genieße die Aussicht. Ich war schon
_____ Museum _____ Checkpoint
Charlie. Da kann man viel über die
Geschichte von Berlin lernen.
☺ Ella   15:02 ✓✓

Ich sitze mit Chris _____
Restaurant White Trash Fast
Food. Das Essen ist super.
☺ Ella   19:53 ✓✓

3a

Sortieren Sie.

Museum, Bahnhof, Hotel, U-Bahn, Galerie, Park, ~~Post~~

der: _____

das: _____

die: _die Post,_ _____

die Post (nur Sg.)

3b

Ergänzen Sie von und zu mit Artikel.

Wir gehen **vom** Bahnhof **zur** U-Bahn. Dann fahren wir mit der U-Bahn _____ Hotel.

Wir gehen _____ Hotel _____ Park, _____ Park _____ Museum,

_____ Museum _____ Post, _____ Post _____ Galerie,

_____ Galerie _____ Restaurant und dann wieder _____ Hotel.

Info:
der: vom – zum
das: vom – zum
die: von der – zur

4 *Track 28*

Hören Sie und zeichnen Sie den Weg.

Sie sind hier.

Sie sind hier.

Sie sind hier.

Track 29

Sortieren Sie den Dialog und hören Sie zur Kontrolle.

___ B: Ja, genau. Das ist dann die Schillerstraße.

___ B: Ja, Schillerstraße heißt die. Auf der Schillerstraße kommen Sie zum Bahnhof.

___ A: Die Straße heißt Schillerstraße?

_1_ A: Entschuldigung. Wie komme ich zum Bahnhof?

___ A: Noch einmal, bitte!

___ B: Bitte sehr.

___ A: Also auf dem Goetheplatz links.

___ B: Sie müssen hier bis zum Goetheplatz und dann links.

___ A: Also die Schillerstraße geht zum Bahnhof. Ich verstehe. Danke schön.

___ B: Zum Bahnhof? Gehen Sie geradeaus bis zum Goetheplatz und dann links.

5b

Was ist gleich? Verbinden Sie.

1. Genau.	a. Kein Problem.
2. Bitte noch einmal!	b. Vielen Dank.
3. Ich verstehe.	c. Ja.
4. Danke schön.	d. Jetzt ist alles klar.
5. Bitte sehr.	e. Wie bitte?

Spielen Sie den Dialog 5a.

5d

Zeichnen Sie einen Weg in den Plan und beschreiben Sie. Ihr Partner / Ihre Partnerin hört und zeichnet. Vergleichen Sie dann.

A: Du gehst …

Geh …

Du musst

links / rechts / geradeaus

bis zum / zur …

Ja, genau.

Sie sind hier.

B: Noch einmal, bitte!

Also ich gehe…?

Sie sind hier.

6

Schreiben Sie im Imperativ mit Sie.

Beispiel: zum Brandenburger Tor gehen – *Gehen Sie zum Brandenburger Tor!*

1. ein Ticket kaufen _____

2. das Museum besichtigen _____

3. einen Kaffee trinken _____

4. eine Stadtrundfahrt machen _____

7 📄 *Seite 94/95 KB*

Lesen Sie die Texte im Kursbuch noch einmal und kreuzen Sie an: Was ist richtig?

Daniel ☐ a. kommt aus China. ☐ b. kommt aus New York. ☐ c. kommt aus Berlin.
☐ d. lebt seit 14 Jahren in Berlin. ☐ e. lebt seit 5 Jahren in Berlin. ☐ f. lebt auf der ganzen Welt.

Aurelie ☐ a. spricht gut Deutsch. ☐ b. kann kein Deutsch. ☐ c. will Deutsch lernen.
☐ d. hat ein Restaurant. ☐ e. verkauft Lebensmittel aus Frankreich. ☐ f. liebt Essen aus Frankreich.

Miriam ☐ a. lebt in einem Dorf. ☐ b. lebt in Berlin. ☐ c. will in Berlin studieren.
☐ d. wohnt in einer WG. ☐ e. wohnt in einem Studentenwohnheim. ☐ f. hat eine Wohnung.

8a

Finden Sie 10 Infinitive und Partizipien.

S	G	V	W	O	H	N	E	N	V	P	L	H	H	S
N	E	K	E	G	E	L	E	R	N	T	I	O	S	A
M	R	F	Y	W	Q	V	L	X	G	E	M	L	V	G
G	E	W	O	H	N	T	V	B	E	G	J	E	E	E
G	I	M	A	C	H	E	N	M	H	E	P	N	J	N
E	S	W	R	E	I	S	E	N	O	L	Q	W	A	Q
S	T	J	E	V	V	C	J	M	L	I	I	J	R	K
A	Q	G	E	A	R	B	E	I	T	E	T	U	B	C
G	S	P	L	I	E	B	E	N	O	B	Y	E	E	B
T	S	L	K	I	L	F	S	A	I	T	J	H	I	Y
T	G	E	S	U	C	H	T	E	F	Q	X	F	T	Y
E	L	R	H	Y	R	B	S	B	K	O	M	M	E	N
R	T	N	Q	G	E	M	A	C	H	T	V	P	N	J
I	G	E	K	O	M	M	E	N	P	E	M	B	Y	Q
G	G	N	Y	C	S	O	S	P	S	U	C	H	E	N

wohnen – gewohnt

_____

_____

_____

_____

_____

_____

_____

_____

8b

Ergänzen Sie.

Vor drei Jahren bin ich mit dem Bus von Mainz nach Berlin *gekommen* (kommen). Ich habe im Hotel _____ (wohnen).

Zuerst bin ich zum Fernsehturm _____ (fahren). Ich habe die tolle Aussicht auf Berlin _____ (sehen).

8c

Ergänzen Sie habe oder bin.

Ich *habe* gesagt: Hier möchte ich leben. Ich _____ wieder nach Mainz gefahren und ich _____ mein Studium gemacht.

Dann _____ ich wieder nach Berlin gekommen und ich _____ eine Wohnung und einen Job gesucht. Ich liebe Berlin. Aber

jetzt _____ ich eine Reise nach New York gemacht. New York ist toll und jetzt weiß ich nicht: Wo will ich leben?

8d

Markieren Sie in 8b und 8c die Verben wie in den Beispielen.

9a

In welche Stadt sind Sie gereist? Ergänzen Sie.

Ich bin nach _____ gereist.

Ich habe _____ gesehen.

Ich habe _____ gegessen.

Ich bin / habe _____ .

9b

Fragen Sie Ihren Partner / Ihre Partnerin.

Wohin bist du gereist?   Was hast du …?
War es schön?   Was hast du noch gemacht?

  Track 30

Ergänzen Sie und hören Sie zur Kontrolle.

Was haben Sie gestern um 23 Uhr gemacht?

A: Ich? Ich hatte *Hunger* und habe Pommes mit Ketschup gegessen.
B: Ich war im Kino und habe ei_____ F_____ gesehen.
C: Ich war sehr müde und habe g_____ .
D: Und ich war auf einer P_____ und habe getanzt.

  Track 31

Hören Sie: Wer hat was gemacht? Markieren Sie J (Jens) oder K (Karl).

3 Jahre in New York gelebt (J) – vor einem Jahr geheiratet (__) – als IT-Spezialist gearbeitet (__) – nach Australien gereist (__) – eine Frau gesehen (__)

 11b

Schreiben Sie Sätze.

Jens hat _____

Karl ist _____

 12a

Ergänzen Sie.

Eric: Hey, Sabine! Du bist wieder da! Ihr _____ in Wien, oder? _____ die Reise schön? _____ ihr Spaß?
Sabine: Ja, Wien _____ super! Wir _____ im Burgtheater und im Café Sacher, und ich _____
         auf dem Donauturm … Du _____ noch nicht in Wien, oder? Du musst auch mal …
Eric: Ja, ja … Wir _____ viele Probleme hier im Büro. Ich _____ Stress mit Kunden und …

12b

Ergänzen Sie die Tabelle.

	sein	haben
ich		
du		hattest
er / sie / es		hatte
wir		
ihr		
sie / Sie	waren	hatten

Info:

Bei „haben" und „sein" verwenden wir meistens Präteritum, nicht Perfekt.

 13a *Track 32*

Welche Jahreszahlen hören Sie? Markieren Sie.

2010 | 2011 | 2012 | 2013 | 2014 | 2015 | 2016

 13b

Schreiben Sie vier Jahreszahlen und diktieren Sie. Ihr Partner / Ihre Partnerin schreibt.

_____   _____   _____

_____   _____   _____

 14

Richtig schreiben: Diktieren Sie einen Satz, Ihr Partner / Ihre Partnerin schreibt.

Entschuldigen Sie, wo ist ein Restaurant?
Gehen Sie geradeaus und dann links.

 15 **P**

Lesen Sie. Was ist richtig? Kreuzen Sie an.

Besuchen Sie uns in den Berlin Tourist Infos.

* Tipps von Berlin-Experten in 16 Sprachen
* Hotels, Tickets, Stadtrundfahrten und vieles mehr
* Souvenirs und Postkarten aus Berlin

Berlins offizielles Touristenticket

* freie Fahrt in Berlin
* 200 Attraktionen erleben – sparen Sie bis zu 50%
* City Guide – Stadtplan inklusive

1. a. In den Berlin Tourist Infos kann man Souvenirs kaufen.
   b. In den Berlin Tourist Infos arbeiten 16 Leute.
   c. Man kann Informationen in vielen Sprachen haben.

2. a. Mit dem Touristenticket kann man in ganz Berlin fahren.
   b. Das Ticket kommt zusammen mit einem Stadtplan.
   c. Man muss nichts bezahlen.

Hören

1a **Verbinden Sie und lernen Sie die Wörter.**

das Gleis, -e

die Halle, -n

der Bahnhof

das Gate, -s

der Fluggast, -ä-e / der Passagier, -e

der Flughafen

der Zug, -ü-e

1b **Hören Sie die Durchsagen. Wo ist das? Achten Sie auf die Wörter aus 1a.** 🔊 *Track 33*

	Bahnhof / S-Bahn-Station	Flughafen
1.	☐	☐
2.	☐	☐
3.	☐	☐
4.	☐	☐
5.	☐	☐

Tipp:

Sie verstehen nicht alle Wörter?
Das ist nicht schlimm!

1c **Sie hören vier Durchsagen. Kreuzen Sie an: richtig oder falsch?**

Info:

„Bitte kommen Sie zum Ausgang."
= Sie sollen zum Ausgang kommen.

Beispiel 🔊 *Track 34*

0. Die Fluggäste nach Rio sollen in Halle 3 bleiben.   ☐ richtig ☒ falsch

Sie hören:

kommen zu … und Halle 3 sind falsch.

Fluggäste gebucht auf den Flug LH 345 nach Rio de Janeiro, bitte kommen Sie zum Ausgang D in Halle 1.

Jetzt Sie 🔊 *Track 35*

1. Die Passagiere aus Madrid sollen in die Halle A kommen.   ☐ richtig ☐ falsch
2. Der ICE 288 fährt nach Berlin.   ☐ richtig ☐ falsch
3. Der Eurocity nach Wien fährt von Gleis 15.   ☐ richtig ☐ falsch
4. Am Wochenende kann man bis 10 Uhr abends einkaufen.   ☐ richtig ☐ falsch

Tipp:

Lesen Sie den Tipp auf Seite 32.

Lesen

1 Sie sind neu in der Stadt. Welche Anzeige passt für Sie? Kreuzen Sie an: a oder b?

> ## Herz an Herz
> Bei uns finden Sie den Mann
> oder die Frau fürs Leben.

> ## Spieleabende für Menschen
> von 15 bis 100. Jeden Freitag um
> 18.00 Uhr im Café Krone.

Tipp:

Ein Beispiel finden
Sie auf Seite 33.

a Anzeige A

b Anzeige B

2 Lesen Sie die Hinweise und Aufgaben. Kreuzen Sie an: richtig oder falsch?

Beispiel

0. An der Touristeninformation

> Stadtrundfahrten:
>
> Mo–Fr   10.00 Uhr – 14.00 Uhr – 16.00 Uhr
>
> Sa und So 12.00 Uhr – 14.00 Uhr – 16.00 Uhr – 18.00 Uhr

Sonntags gibt es eine Rundfahrt um 18.00 Uhr. → richtig

Es ist Sonntag, 18.00 Uhr. Sie können eine Stadtrundfahrt machen. ☒ richtig ☐ falsch

Jetzt Sie

1. Am Stadtmuseum

> **Öffnungszeiten:**
> Dienstag – Freitag: 10.00 – 18.00 Uhr
> Samstag, Sonntag: 10.00 – 20.00 Uhr
> Montag: geschlossen

Strategie:

1. Lesen Sie zuerst die Aufgabe.
2. Lesen Sie das Schild. Wo ist die Information, die Sie suchen?
3. Achten Sie auch auf Wörter wie „kein" oder „nicht".

Es ist Montag. Sie können ins Museum gehen. ☐ richtig ☐ falsch

2. In der U-Bahn

11:55   U3: Stadtpark – Avison-Halle – Marktstraße – Bahnhof

Die U-Bahn Nr. 3 fährt zum Bahnhof. ☐ richtig ☐ falsch

3. Am Park

> *Bücherflohmarkt im Stadtpark*
> *100.000 Bücher – alt aber gut*

Sie suchen eine Tasche. Sie können sie auf dem Flohmarkt kaufen. ☐ richtig ☐ falsch

Schreiben

1 **Ergänzen Sie das Formular.**

Ihr Freund Oleg Petrov möchte am 3. August, am Nachmittag, mit seiner Frau und seinen beiden Töchtern (9 und 12 Jahre) eine Stadtrundfahrt machen. Er möchte mit Karte bezahlen.

Helfen Sie Oleg und schreiben Sie die fünf fehlenden Informationen in das Formular.

Strategie 1:

Welche Infos fehlen? Markieren Sie im Text.

Strategie 2:

Kontrollieren Sie die Wörter noch einmal.

Tipp:

– Beispiel finden Sie auf S. 18.
– Formular ergänzen = etwas schreiben **oder** ankreuzen

City-Rundfahrt – Anmeldung

Familienname: _____

Vorname: _____

Anzahl Personen: *4*

Anzahl Kinder (bis 15 Jahre): _____

Termin: *3. 8. 2018*

vormittags (9:00 – 12:00 Uhr) ☐

nachmittags (13:00 – 16:00 Uhr) ☐

abends (17:00 – 20:00 Uhr) ☐

Telefon: *007 123 56 1235 0 (mobil)*

Wie möchten Sie bezahlen?   mit PayPal ☐   mit Kreditkarte ☐

Sprechen

1a **Welche Fragen passen zu den Karten? Schreiben Sie zu jedem Satzanfang eine Frage.**

Thema: Familie
Geschwister

Thema: Familie
Wochenende

Thema: Familie
Großeltern

Thema: Familie
Arbeit

Thema: Hobby
Freizeit

Thema: Hobby
Reisen

Wie alt *sind deine Großeltern?*

Was ist _____ von Beruf?

Wie viele _____ ?

Wie heißt _____ ?

Wo wohnt / wohnen _____ ?

Wohin _____ ?

Was macht _____ ?

Wann _____ ?

1b **Fragen Sie Ihren Partner / Ihre Partnerin und antworten Sie auf Fragen.**

2a **Schreiben Sie Fragen und Antworten.**

0. wo / hier / Sagen / bin / ich / bitte, / Sie *Sagen Sie bitte, wo bin ich hier?*

1. wie / zum Bahnhof / ich / Entschuldigen Sie, / komme

2. den Clara-Schumann-Platz / suche / Entschuldigung, / ich

3. kann / Wo / Getränke / ich / kaufen

4. ist / die Kaiserstraße / Das

5. geradeaus, / zuerst / Sie / dann links / Gehen

6. ganz einfach, / ist / immer geradeaus / Das

7. ist / In der Waterloostraße / ein Einkaufszentrum

2b **Höflich bitten oder fragen – was passt nicht? Streichen Sie.**

Sagen Sie bitte …

Wie geht's?

Entschuldigung …

Entschuldigen Sie …

He!

Darf ich …

~~Moment mal!~~

Wie bitte?

Gute Nacht.

Mein Name ist …

Viel Spaß.

Bis bald.

Vielen Dank.

Danke.

2c **Sehen Sie die Karten an und spielen Sie Dialoge mit Ihrem Partner / Ihrer Partnerin.**

Tipp:

Sie haben Ihren Partner /
Ihre Partnerin nicht verstanden?
Fragen Sie – das ist kein Problem!
Zum Beispiel: Wie bitte?
Noch einmal, bitte.

1a

Die Natur genießen. Was passt nicht? Streichen Sie.

Beispiel: ~~die Wiese~~ – der Strand – die Welle

1. die Blume – die Muschel – der Baum

2. das Gemüse – der Schnee – der Berg

3. der Garten – der Strand – das Obst

1b

Schreiben Sie Sätze zu 1a.

Die Wiese passt nicht. Am Meer gibt es Strände und Wellen, aber es gibt keine Wiesen.

1. _____

2. _____

3. _____

1c

Wo? Sortieren Sie.

Restaurant | Natur | Garten | ~~Berg~~ | Wald | Meer | Stadt | Café | Strand | Land

auf dem: *Berg,* _____   am: _____

im: _____   in der: _____

1d

Fragen Sie Ihren Partner / Ihre Partnerin.   👥

A: Wo möchtest du sein?
  Warum? Was möchtest du da machen?

  Ich möchte ...

B: Auf dem Berg. / Am ... Im ... In der ...
  Da gibt es ... Es gibt kein/e/n ...
    Ich möchte Tiere sehen und ...
    Und du? Wo möchtest du sein?

schwimmen
essen
spazieren gehen lesen
Kaffee trinken lachen
surfen einkaufen
Tiere sehen chillen
spielen
arbeiten

die Ruhe genießen leben

Seite 104 KB

Was ist richtig? Lesen Sie die Texte noch einmal und kreuzen Sie an.

	richtig	falsch
1. Die Bergführerin ist immer um 9 Uhr morgens auf dem Berg.	☐	☐
2. Auf dem Berg haben sie und die Touristen Tiere gesehen.	☐	☐
3. Der Fischer findet seine Arbeit sehr hart.	☐	☐
4. Er liebt das Wasser, die Fische und die Ruhe.	☐	☐
5. Die Hausfrau arbeitet nur morgens im Garten.	☐	☐
6. Sie genießt das Leben und die Natur auf dem Land.	☐	☐
7. Der Weinbauer will nicht in der Stadt arbeiten.	☐	☐
8. Auch sein Kind will Weinbauer werden.	☐	☐

Schreiben Sie die Partizipien.

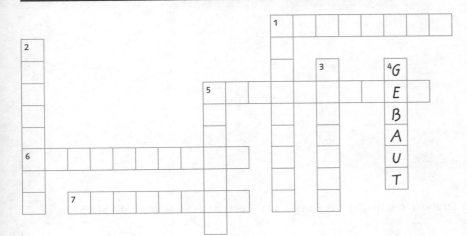

Von links nach rechts (→):

1. essen
5. arbeiten
6. schlafen
7. singen

Von oben nach unten (↓):

1. trinken
2. fangen
3. tanzen
4. bauen
5. sehen

Welche Antwort passt nicht? Streichen Sie.

Beispiel: Haben Sie schon mal einen Fisch gefangen?
  a. Nein, noch nie.
  b. ~~Ja, ich esse oft Fisch.~~
  c. Ja, schon oft.

1. Hast du schon mal Tiere auf dem Berg gesehen?
  a. Ja, einmal in der Schweiz.
  b. Ja, schon oft im Zoo.
  c. Nein, leider nicht.

2. Habt ihr schon mal laut am Meer gesungen?
  a. Ja, wir sind gern am Meer.
  b. Ja, schon oft und sehr laut.
  c. Nein, noch nie.

3. Habt ihr schon mal im Garten gearbeitet?
  a. Nein, wir haben keinen Garten.
  b. Ja, wir spielen gern im Garten.
  c. Ja, wir lieben Gartenarbeit.

3c

Fragen Sie Ihren Partner / Ihre Partnerin.

tanzen – trinken – schlafen – bauen – essen – sehen – singen – arbeiten …
auf dem Schiff – Bier – am Strand – im Garten – auf der Straße – eine Brezel – einen Döner – ein Haus …

Hast du schon mal am Meer Sport gemacht? Hast du schon mal …?

Schreiben Sie sechs Sätze.

Wir	fahren gehen reisen klettern	in den ins in die an den ans auf den nach	Italien Meer Park Kino Salsa-Bar Berg See Stadt	und	gehen spazieren genießen die Aussicht joggen essen Pizza schwimmen sehen einen Film shoppen tanzen

Info:

Wohin? → nach Italien
Wo? → in Italien

Wir reisen nach Italien und essen Pizza.

_____

_____

_____

_____

_____

Sortieren Sie.

~~das Land~~ | der Wald | die Stadt | das Kino | der Strand | der Berg | der Fluss | das Meer | das Museum | die Straße

in	Wohin?	*ins Land,*
	Wo?	*im Land,*
an	Wohin?	
	Wo?	
auf	Wohin?	*aufs Land,*
	Wo?	*auf dem Land,*

Schreiben Sie eine Frage. Geben Sie sie Ihrem Partner / Ihrer Partnerin, er / sie schreibt eine Antwort.

joggen – shoppen – klettern – tanzen gehen – Film sehen – schwimmen – Kaffee trinken …
Café – Kino – Club – Schwimmbad – Berg – Wald – Stadt – Land …

A: Ich habe eine Idee … Ich möchte …
   Kommst du mit in(s) / an(s) / auf(s) …?

B: Gute Idee. Ich komme mit!
   Ich habe keine Lust, ich möchte … Geht nicht, ich muss …

Hallo _____

Antwort: _____

5a

Verbinden Sie.

1. Es ist warm.
2. Es ist kalt.
3. Es regnet.
4. Es gibt Schnee und Eis.
5. Die Sonne scheint und der Himmel ist blau.
6. Es ist Frühling.
7. Es ist Sommer.
8. Es ist Herbst.
9. Es ist Winter.

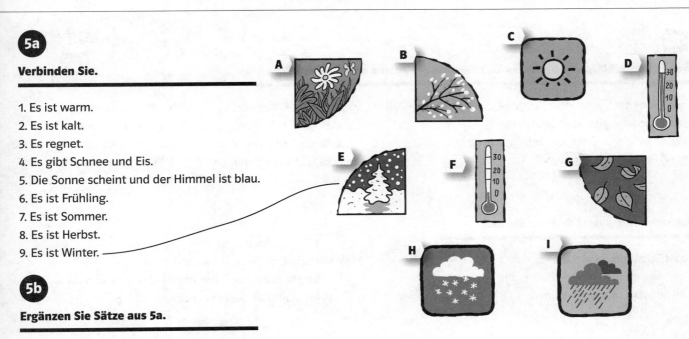

5b

Ergänzen Sie Sätze aus 5a.

Beispiel: *Es ist Frühling.* Die Vögel singen.

1. _____ . Ich kann ein T-Shirt anziehen.

2. _____ . Ich muss die Regenjacke anziehen.

3. _____ . Ich muss einen Pullover anziehen.

4. _____ . Die Bäume sind bunt.

6a

Welche Antwort passt nicht? Streichen Sie.

Beispiel: Kannst du mich am Abend anrufen?
  a. ~~Leider nein, ich kann arbeiten.~~
  b. Leider nein, ich muss arbeiten.
  c. Klar, um wie viel Uhr?

1. Wollen wir ins Kino gehen?
  a. Sehr gern.
  b. Ich kann leider nicht mitkommen.
  c. Ich muss leider nicht mitkommen.

2. Können wir die Übung zusammen machen?
  a. Ich habe jetzt keine Lust.
  b. Ja, das musst du.
  c. Ja, können wir, kein Problem.

3. Ich gehe schwimmen. Hast du auch Lust?
  a. Lust ja, aber keine Zeit.
  b. Ich kann schwimmen.
  c. Ich weiß nicht … Ich kann nicht so gut schwimmen.

6b

Müssen oder können? Ergänzen Sie.

A
Wir gehen am Wochenende ins Kino. Hast du Zeit und Lust? 14:23 ✓

Lust ja! Ich _____ aber nicht mitkommen. Ich _____ arbeiten. :-(14:25 ✓

B
_____ Sie heute Vormittag kommen? Ich _____ nicht warten. Ich _____ am Nachmittag nach Berlin. 8:15 ✓

Kein Problem, ich bin um zehn bei Ihnen. 8:16 ✓

C
Wir fahren in einer halben Stunde in die Stadt, willst du mit? 11:31 ✓

_____ ihr bitte warten? Ich _____ noch telefonieren. 11:35 ✓

(7) 🗐 *Seite 107 KB* 🔊 *Track 36*

Radfahren in Deutschland. Was glauben Sie? Kreuzen Sie an und hören Sie zur Kontrolle.

1. Wie viele Kilometer fahren viele Deutsche mit dem Rad zur Arbeit? ☐ a. 5 bis 15 Kilometer ☐ b. 15 bis 50 Kilometer
2. Wie viele Fahrräder gibt es in Deutschland? ☐ a. zirka 37 Millionen ☐ b. zirka 73 Millionen
3. Wie schnell kann man auf dem Radschnellweg fahren? ☐ a. 10 Kilometer pro Stunde ☐ b. 20 bis 30 Kilometer pro Stunde.
4. Warum ist Fahrradfahren gesund? ☐ a. Es ist gut für den Kopf. ☐ b. Es ist gut für das Herz.

(8a)

Alles verboten? Was passt? Kreuzen Sie an.

1. Im See ist Schwimmen verboten.
   ☐ a. Im See darf man nicht schwimmen.
   ☐ b. Im See darf man schwimmen.

2. Im Stadtpark ist Fußballspielen erlaubt.
   ☐ a. Im Stadtpark darf man nicht Fußball spielen.
   ☐ b. Im Stadtpark darf man Fußball spielen.

(8b) 🔊 *Track 37*

Was ist richtig? Hören Sie und kreuzen Sie an.

1. Dürfen Lea und Tom auf der Party rauchen?
   ☐ a. Nein, sie dürfen nicht rauchen.
   ☐ b. Sie dürfen nur im Garten rauchen.

2. Wo darf man parken?
   ☐ a. Am Park.
   ☐ b. In der Straße.

3. Darf Luisa jetzt an den Computer?
   ☐ a. Ja.
   ☐ b. Nein.

Info:

Englisch: must not = Deutsch: darf nicht
Englisch: need not = Deutsch: muss nicht

(9a)

Ergänzen Sie die Verben im Perfekt oder Präteritum.

haben | frühstücken | gehen | gehen | trainieren | hören | tanzen | ~~sein~~ | sein | sein | ~~fahren~~ | machen | holen

Liebe Tina,

_____ du ein schönes Wochenende? Ich *war* am Samstag sehr sportlich! :-) Zuerst *bin* ich mit dem Fahrrad

zum Bäcker *gefahren* und _____ Brötchen zum Frühstück _____. Tom, Lea und ich _____ ganz lange

_____. Dann _____ Lea und ich zu Fuß in die Stadt _____. Tom _____ im Fitness-

studio und _____ drei Stunden _____. Abends _____ wir ins „Pasito" _____ und

_____ den ganzen Abend tolle Salsa-Musik _____. Wir _____ auch _____.

Das _____ super! Und was _____ ihr _____?

Liebe Grüße
Mia

9b **P**

Und was haben Sie am Wochenende gemacht? Fragen Sie Ihren Partner / Ihre Partnerin.

Sport – Theater – Kino – in der Natur – in der Stadt – chillen – Freunde besuchen – lange schlafen – frühstücken

A: Was hast du am Wochenende gemacht?

B: Am Samstag / Am Sonntag war ich in / auf / …
Ich bin / Ich habe …
Das war toll / super / langweilig / interessant / …
Das hat (keinen) Spaß gemacht.
Und du?

10

Richtig schreiben: ch oder sch?

Fi⬚ – Zeit⬚rift – Ri⬚tung – Kopf⬚merzen – Bröt⬚en – fri⬚ – sportli⬚ – komi⬚ – herrli⬚ –

chinesi⬚ – i⬚

11 **P**

Was sagen die Schilder? Kreuzen Sie an: richtig oder falsch?

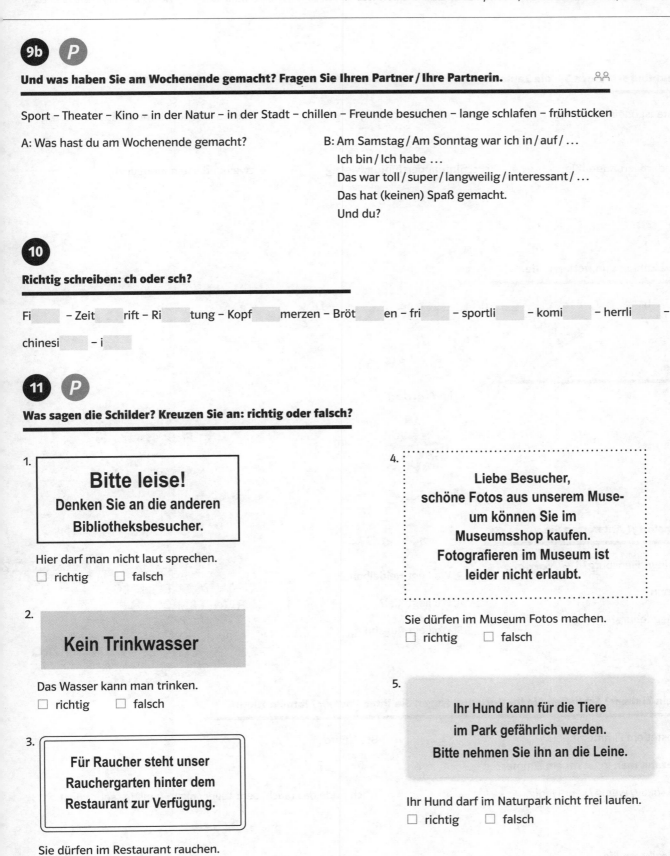

1.

> # Bitte leise!
> ## Denken Sie an die anderen
> ## Bibliotheksbesucher.

Hier darf man nicht laut sprechen.
☐ richtig   ☐ falsch

2.

> ## Kein Trinkwasser

Das Wasser kann man trinken.
☐ richtig   ☐ falsch

3.

> ### Für Raucher steht unser
> ### Rauchergarten hinter dem
> ### Restaurant zur Verfügung.

Sie dürfen im Restaurant rauchen.
☐ richtig   ☐ falsch

4.

> ### Liebe Besucher,
> ### schöne Fotos aus unserem Muse-
> ### um können Sie im
> ### Museumsshop kaufen.
> ### Fotografieren im Museum ist
> ### leider nicht erlaubt.

Sie dürfen im Museum Fotos machen.
☐ richtig   ☐ falsch

5.

> ### Ihr Hund kann für die Tiere
> ### im Park gefährlich werden.
> ### Bitte nehmen Sie ihn an die Leine.

Ihr Hund darf im Naturpark nicht frei laufen.
☐ richtig   ☐ falsch

1a

Lesen Sie laut und schreiben Sie die Zahlen.

Beispiel: eintausendeinhundertelf

1111

b. zweitausenddreißig

_____

d. viertausendneunhunderteinundzwanzig

_____

a. siebenhundertvierunddreißig

_____

c. fünfhundertfünfundvierzig

_____

e. zweihunderteinundneunzig

_____

1b 🔊 *Track 38*

Hören Sie die Zahlen und notieren Sie.

a. *149*   b. _____   c. _____   d. _____   e. _____   f. _____   g. _____   h. _____

2a

Ergänzen Sie.

im *Norden*

im _____

im _____

im _____

Flensburg 274;-

Kiel 289;-

235;- MAGDEBURG

BONN 346;-

CHEMNITZ 209;-

WIESBADEN 388;-

HEIDELBERG 397;-

342;-

AUGSBURG

2b

Wo liegt Flensburg? Antworten Sie.

Beispiel: Wo liegt Flensburg? *Im Norden.*

1. Wo liegt Bonn? _____

2. Wo liegt Magdeburg? _____

3. Wo liegt Heidelberg? _____

4. Wo liegt Kiel? _____

5. Wo liegt Augsburg? _____

2c

Was kostet ein Zimmer? Schließen Sie Ihr Buch und fragen Sie Ihren Partner / Ihre Partnerin. 👥

A: Wie viel kostet ein Zimmer in …?

   Wie viel bezahlt man in … für ein Zimmer?

   Das ist viel / okay / wenig / sehr wenig.

B: … Euro.

   Ich finde das (auch) sehr teuer / okay / günstig / sehr günstig.

2d

Was passt? Ergänzen Sie.

wenig | ~~viel~~ | viel | nicht so günstig | billig

1. Die Miete ist teuer. = Das Zimmer kostet *viel*; das Zimmer ist _____ ; man zahlt _____ .

2. Das Zimmer ist günstig. = Das Zimmer ist _____ ; das Zimmer kostet _____ .

3a

Wo kann man wohnen? Sortieren Sie.

das Hausboot | ~~der Wohnwagen~~ | der Bauernhof | die Wohngemeinschaft | das Baumhaus | die Insel

auf | in

_____ ___*einem Wohnwagen,*_____

_____ _____

_____ _____

3b P 🔊 *Track 39*

Wo wohnen die Personen? Hören Sie und kreuzen Sie an.

	richtig	falsch
1. Er wohnt in einem Leuchtturm.	☐	☐
2. Sie wohnt auf einem Hausboot.	☐	☐
3. Er wohnt in einem Wohnwagen.	☐	☐
4. Sie wohnt auf einem Bauernhof.	☐	☐

3c P 📄 *117 KB, 5a*

Lesen Sie die Texte im Kursbuch noch einmal. Kreuzen Sie an: richtig oder falsch?

	richtig	falsch
1. Frank und seine Familie wohnen in einem Haus im Westen von Deutschland.	☐	☐
2. Anne und ihr Freund haben eine Wohnung in Linz.	☐	☐
3. Lisa wohnt mit ihren Arbeitskollegen in einem Hotelzimmer.	☐	☐
4. Max möchte immer bei seinen Eltern bleiben.	☐	☐

4a

Wo wohnen Sie? Schreiben Sie einen Satz.

in der Stadt – auf dem Land – in einer Wohnung – in einem Haus – in einer WG – bei meinem Freund / meinen Eltern …

4b P

Wo wohnst du? Wo möchtest du wohnen? Fragen Sie Ihren Partner / Ihre Partnerin.

keine Miete zahlen – immer die Natur sehen – die Stadt mögen – keine Nachbarn haben – …
romantisch – praktisch – günstig – ruhig – …

A: Wo wohnst du jetzt?
   Wo möchtest du gern wohnen?

B: Ich wohne … Das ist …
   Ich möchte gern … Und du?

5a

Ergänzen Sie in, bei, mit.

1. Timo ist 16 Jahre alt und lebt *mit* seiner Schwester _____ seinen Eltern. _____ dem Fahrrad fährt er jeden Tag zur Schule. Jeden Montag spielt er _____ seinen Freunden Fußball. Und jeden Freitag trainiert er _____ einem Fitnessstudio.

2. Tina ist verheiratet und wohnt _____ ihrem Mann, ihrer Tochter und ihrem Hund _____ einer Vierzimmerwohnung _____ der Stadt. Ihre Schwester Lotti wohnt noch _____ ihren Eltern und ihr Bruder Leo wohnt _____ einer Wohngemeinschaft.

5b

Ergänzen Sie die Possessivartikel.

1. Maria lebt mit *ihrem* Freund und _____ Katze bei _____ Tante.

2. Paul wohnt mit _____ Freundin und _____ zwei Katzen bei _____ Großeltern.

3. Wir leben mit _____ Freunden in einer WG. In _____ WG haben wir immer viel Spaß, und mit _____ Nachbarn verstehen wir uns sehr gut.

4. Ihr wohnt mit _____ Kind, _____ Hund und _____ Katze auf dem Land, richtig?

6a

Schreiben Sie die Wörter mit Artikel.

1. _____

2. _____

3. _____

4. _____

5. _____

6. _____ *der Kühlschrank*

7. _____

8. _____

9. _____

6b

Wie heißen die Wörter? Ergänzen Sie.

Beispiel: schreiben + Tisch *der Schreibtisch*

1. essen + Tisch _____

2. schlafen + Zimmer _____

3. wohnen + Zimmer _____

4. baden + Zimmer _____

5. essen + Zimmer _____

6c

Alles falsch. Sortieren Sie.

Im Wohnzimmer: der Kühlschrank, das Bett

Im Schlafzimmer: der Schreibtisch, die Badewanne

Im Arbeitszimmer: ~~der Fernseher~~, die Dusche

In der Küche: die Toilette, der Laptop

Im Badezimmer: das Sofa, die Bettdecke

Im Wohnzimmer: *der Fernseher,* _____

Im Schlafzimmer: _____

Im Arbeitszimmer: _____

In der Küche: _____

Im Badezimmer: _____

6d

Wie viele Dinge stehen in der Wohnung?

Zwei Schränke, _____

_____

7a

Beschreiben Sie ein Zimmer in Ihrer Wohnung.

Das … ist groß / klein. Rechts / links / am Fenster / an der Tür … ist / sind / steht / stehen …

_____

_____

_____

7b P

Lesen Sie Ihrem Partner / Ihrer Partnerin die Beschreibung vor oder sprechen Sie frei.

Mein Zimmer ist das Wohnzimmer / die Küche / … Rechts ist ein Fenster / eine Tür. Am Fenster …

7c

Zeichnen Sie jetzt das Zimmer von Ihrem Partner / Ihrer Partnerin. Zeigen Sie das Bild. Ist alles richtig?

8a Track 40

Hören Sie und ergänzen Sie.

Info:

kuschelig = warm und weich
benutzen = brauchen, nehmen

1. _____ Lieblingsding ist _____ und _____. Ich mache _____ jeden Abend an, dann _____ ich bunte Bilder. Ein Abend ohne _____ ist furchtbar.

2. Also, ich benutze sie jede _____. Ich brauche _____ im _____ und im _____. Sie ist _____ und kuschelig.

3. Mein Lieblingsding ist _____. Ich habe _____ immer dabei. Ich _____ es oft und ohne _____ kann ich nicht sein.

Was sind die drei Lieblingsdinge?

1. *ein* _____ 2. _____ 3. _____

8b

Ergänzen Sie.

1. Meine Pflanze: Ohne _____ ist mein Zimmer hässlich.

2. Mein Teddybär: Ohne _____ kann ich nicht schlafen.

3. Meine Bücher: Ohne _____ ist mein Leben langweilig.

4. Mein Smartphone: Für mich gibt es kein Leben ohne _____ .

Was ist dein Lieblingsding? Fragen Sie Ihren Partner / Ihre Partnerin.

A: Was ist dein Lieblingsding?
   Warum?

B: Mein Lieblingsding ist …
   Ich brauche ihn / es / sie …
   Ohne … kann ich nicht …

Was passt zusammen?

1. Wir brauchen das Buch.
2. Die Hose finde ich cool.
3. Schmeckt der Kaffee?
4. Ich habe heute kein Auto.
5. Wir sind um 17.30 Uhr am Bahnhof.
6. Entschuldigung, können Sie uns fotografieren?

a. Ich kann dich abholen.
b. Kein Problem, das mache ich gern.
c. Gut. Bestellst du es?
d. Ja, heiß und stark, so mag ich ihn.
e. Nimm sie doch, sie ist ja nicht teuer!
f. Wir holen euch ab.

Markieren Sie die Personalpronomen im Akkusativ in 9a und ergänzen Sie die Tabelle.

ich	mich	wir	
du		ihr	
er		sie / Sie	sie / Sie
sie			
es			

  Track 41

Ergänzen Sie und hören Sie zur Kontrolle.

1. Holst du mich im Büro ab?

Klar hole ich _____ ab.

2. Du, deine Decken sind weg.

Jetzt hat sie _____ schon wieder genommen!

3. Besucht ihr uns einmal?

Ja, warum nicht? Wir besuchen _____ gern mal in Wien.

4. Gero ist nicht da.

Dann frühstücken wir ohne _____ .

Ergänzen Sie.

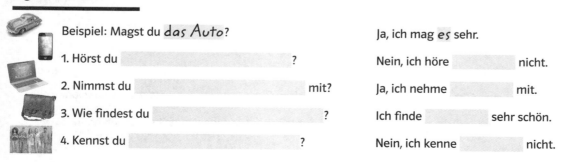

Beispiel: Magst du *das Auto*?

Ja, ich mag *es* sehr.

1. Hörst du _____ ?

Nein, ich höre _____ nicht.

2. Nimmst du _____ mit?

Ja, ich nehme _____ mit.

3. Wie findest du _____ ?

Ich finde _____ sehr schön.

4. Kennst du _____ ?

Nein, ich kenne _____ nicht.

10

Richtig schreiben: Schreiben Sie die Zahlen.

a. 99 = _____

b. 100 = _____

c. 199 = _____

d. 876 = _____

e. 101 = _____

f. 1417= _____

11 **P**

Füllen Sie für Stefan das Formular aus.

Stefan Aichhorn ist einundzwanzig Jahre alt und kommt aus Österreich. Er studiert in Darmstadt Informatik. Im Moment wohnt er in der Zeughausstraße 3 in 64283 Darmstadt. Er mag Tennis, und er liest gern Krimis. Seine Telefonnummer ist 0171 / 4989800.

Wir haben ein freies WG-Zimmer! Wenn das für dich interessant ist, schreib uns etwas über dich. Adresse und Telefonnummer nicht vergessen! Wir rufen dich an.

Nachname: _____

Vorname: _____

Alter: _____

Nationalität: _____

Beruf: _____

Interessen: _____

Straße, Hausnummer: _____

PLZ und Wohnort: _____

Telefon: _____

Info:

PLZ = Postleitzahl
Beispiel: 64283 Darmstadt

12 **P**

Lesen Sie die Nachrichten. Sie sind ein netter Mitbewohner / eine nette Mitbewohnerin! Was machen Sie?

1. Keine Milch mehr da!

☐ a. Sie kaufen Milch.
☐ b. Sie trinken keine Milch.

3. Nicht vergessen, Siggi kommt zum Essen und bringt die Kinder mit!

☐ a. Sie machen ein Dessert.
☐ b. Sie gehen essen.

2. Ich nehme mal deinen Koffer, ich kann meinen nicht finden! – Susi

☐ a. Sie suchen Ihren Koffer.
☐ b. Sie suchen den Koffer von Susi.

4. Der Hund riecht komisch! Bitte mach etwas!

☐ a. Sie baden den Hund.
☐ b. Sie kaufen einen Hund.

Hören

1 **Hören Sie die Gespräche und kreuzen Sie an: a, b oder c?** *Track 42*

Strategie:

1. Frage lesen und Bilder anschauen.
2. Dialog zum 1. Mal hören.
   Ankreuzen: a, b oder c?
3. Dialog zum 2. Mal hören.
   Antwort richtig?

1. Wie fährt der Mann zur Arbeit?

a mit dem Bus

b mit dem Fahrrad

c mit dem Auto

2. Was hat Anne am Sonntag gemacht?

a lesen

b Fahrrad fahren

c fernsehen

Tipp:

– Beispiel finden Sie auf S. 16.
– Hören Sie genau! Sie hören manchmal alle Wörter aus a, b und c, aber
  nur eine Antwort passt!

3. Wie war das Wetter gestern?

a sonnig

b 30 Grad

c Regen

4. Was kostet der Teddybär?

a 24 Euro

b 42 Euro

c 14 Euro

5. Was gibt es nicht im Badezimmer?

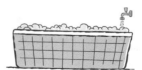

a Toilette

b Dusche

c Badewanne

6. Wann beginnt heute das Training?

a um Viertel vor zwei

b um halb drei

c um zwei Uhr

Lesen

1 **Lesen Sie die Texte und Aufgaben. Kreuzen Sie an: richtig oder falsch?**

Strategie:

Lesen Sie zuerst die Sätze (1, 2), dann den Text. Markieren Sie die gefragten Informationen.

— □ X

Liebe Freunde,
wir wohnen jetzt seit vier Wochen hier in Gersdorf. Es ist total super. Wir haben einen Garten und die Kinder können viel in der Natur sein. Kommt uns doch besuchen! Habt ihr am Samstag oder Sonntag Zeit? Wir wollen im Garten grillen, tanzen und Spaß haben.
Liebe Grüße
Jochen und Marie

Tipp:

Beispiel finden Sie auf S. 17. Denken Sie daran: Sie müssen nicht alle Wörter verstehen!

1. Jochen und Marie wohnen schon vier Monate in Gersdorf. □ richtig □ falsch
2. Jochen und Marie machen am Wochenende eine Gartenparty. □ richtig □ falsch

Liebe Kundinnen und Kunden,
unsere Firma ist umgezogen. Unsere neue Adresse ist Frankstraße 85.
Am Freitag, dem 19. Mai, ab 19.00 Uhr, möchten wir Sie gern zu einem Glas Wein einladen und Ihnen unsere neuen Büros zeigen.
Es wäre schön, wenn Sie kommen können. Schreiben Sie uns bitte eine kurze Nachricht.

Mit freundlichen Grüßen
Jan Frisch
Frisch GmbH

3. Herr Frisch hat eine neue Firma. □ richtig □ falsch
4. Am 19. Mai können die Kunden die neuen Büros sehen. □ richtig □ falsch

2 **Lesen Sie die Fragen und die Texte. Kreuzen Sie an: a oder b?**

Tipp:

Ein Beispiel finden Sie auf S. 33.
Markieren Sie wichtige Wörter in Frage und Text.

1. Sie möchten Urlaub in den Bergen machen. Wo finden Sie Informationen?

www.tirolhotels.at
Berge und Seen. Machen Sie Urlaub in Österreich.

www.ostseeurlaub.de
Sonne, Strand und Meer genießen!

a www.tirolhotels.at

b www.ostseeurlaub.de

2. Sie suchen ein billiges Zimmer in Berlin. Welche Internetseite schauen Sie an?

www.luxuswohnung_berlin.de
Traumwohnungen in Superlage – wo Berlin am schönsten ist!

www.studentenzimmer_berlin.de
Günstiges Zimmer in WG gesucht?
Hier finden Sie etwas.

a www.luxuswohnung_berlin.de

b www.studentenzimmer_berlin.de

3 **Lesen Sie die Texte und die Aufgaben. Kreuzen Sie an: richtig oder falsch?**

1. Im Park

> ## Spielplatz
>
> Für Kinder unter 14 Jahren
>
> Von 10-13 Uhr geöffnet

Ihr Sohn ist 15 Jahre alt. Er darf auf den Spielplatz. ☐ richtig ☐ falsch

2. An der Arztpraxis

> ### Praxis Dr. Wendelin Jahn
>
> **Arzt für Sportmedizin**
> **Sprechzeiten: Mo, Di, Do 9-13 und 14-16 Uhr**
> **mittwochs und freitags keine Sprechstunde**

Sie haben beim Fußballspielen Schmerzen. Sie gehen zu Dr. Jahn. ☐ richtig ☐ falsch

der Arzt, Ä-e
die Ärztin, - nen
→ ~~Büro~~ die Praxis, -xen

Schreiben

 1 **Ergänzen Sie das Formular.**

Ihre französische Freundin Catherine Courbert aus Montpellier sucht Arbeit, sie möchte Französisch unterrichten. Catherine ist Studentin und 24 Jahre alt. Sie spricht sehr gut Italienisch, Spanisch und ein bisschen Koreanisch. Catherine ist verheiratet und wohnt in der Beethovenstraße 77 (3. Stock) in 53115 Bonn. Ihre Handy-Nummer ist 0171 12 34 56.
Catherine muss das Formular der Studentenjobbörse ausfüllen. Helfen Sie Ihrer Freundin und ergänzen Sie die fünf fehlenden Informationen.

> ### Studentenjobbörse der Rheinischen Friedrich-Wilhelms-Universität Bonn
>
> Gewünschter Job: *Französisch unterrichten*
> Nachname: *Courbert*   Vorname: *Catherine*
> Straße: *Beethovenstraße*   Hausnummer: *77*   Stockwerk: *3. OG*
> Postleitzahl: _____   Wohnort: _____
> Handynummer: *0171 12 34 56*
> Nationalität: *Französisch*
> Geschlecht: weiblich ☐   männlich ☐
> Alter: _____
> Fremdsprachenkenntnisse: *Italienisch, Spanisch und Koreanisch*
> Familienstand: verheiratet ☐   ledig ☐

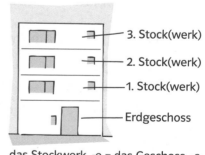

das Stockwerk, -e = das Geschoss, -e.
3. OG = 3. Obergeschoss = 3. Stock

Strategie:

1. Lesen Sie zuerst die Aufgabe.
2. Lesen Sie das Schild. Wo ist die Information, die Sie suchen?
3. Achten Sie auch auf Wörter wie „kein" oder „nicht".

Tipp:

Lesen Sie das Beispiel auf Seite 49.

Strategie 1:

Welche Infos fehlen? Markieren Sie im Text.

Strategie 2:

Kontrollieren Sie die Wörter noch einmal.

Tipp:

Lesen Sie das Beispiel auf Seite 18.

Sprechen 👄

1a **Was können Sie über sich sagen? Schreiben Sie.**

Name? – Alter? – Land? – Wohnort? – Sprachen? – Beruf? – Freizeit?

Ich heiße _____ und bin _____ Jahre alt. Ich komme aus _____.

Jetzt wohne ich in _____. Ich spreche _____.

Von Beruf bin ich _____. In meiner Freizeit _____.

1b **Lesen Sie die Fragen. Verstehen Sie sie? Können Sie antworten?**

	Das verstehe ich.	Das verstehe ich nicht.
1. Haben Sie ein Handy?	☐	☐
2. Wie ist denn die Nummer?	☐	☐
3. Wie ist Ihre genaue Adresse?	☐	☐
4. Können Sie Ihren Namen buchstabieren?	☐	☐

1c **Verbinden Sie.**

1. Bitte wiederholen
2. Können Sie das
3. Bitte sprechen
4. Bitte noch
5. Ich habe Sie leider

a. einmal.
b. nicht verstanden.
c. bitte wiederholen?
d. Sie.
e. Sie langsamer.

Tipp:

Dieser Prüfungsteil ist immer gleich.
So üben Sie ihn:
– Lernen Sie den Text 1a auswendig.
– Sprechen Sie ihn laut vor dem Spiegel.
– Machen Sie eine Audioaufnahme und hören Sie:
  Kann man Sie gut verstehen?
– Sie dürfen immer fragen! Lernen Sie die Sätze in 1c.

2a **Ergänzen Sie die Sätze und verbinden Sie mit den Antworten.**

1. Machst du bitte _____ leiser?

2. Darf man hier_____?

3. Ist das _____ frei?

4. Ich bin drei Tage weg. Gibst du bitte meinen _____ Wasser?

a. Ja, aber in einer halben Stunde will ich baden.

b. Ja. Entschuldigung.

c. Na klar, mache ich.

d. Nein, das ist verboten.

2b **Spielen Sie die Dialoge mit Ihrem Partner / Ihrer Partnerin.** 👥

2c **Welche Bitten passen noch zu den Bildern? Sammeln Sie mit Ihrem Partner / Ihrer Partnerin.** 👥

1a

Was ist das? Schreiben Sie die Wörter zu den Bildern.

1. der L
der C

2. das M
das Sm

3.

4.

5.

6.

7.

8.

1b

Finden Sie die Wörter und schreiben Sie sie mit Artikel.

rung | sen | Er | beit | fah | sik | l | Mu | dee | Ar | Wis

die

2

Sortieren Sie.

niemand | ~~alle~~ | viele | fast niemand | wenige

1.   2.   3.    4.   5.

alle

3 *Seite 128, KB*

Lesen Sie die Texte noch einmal. Wer sagt was? Verbinden Sie.

1. Bei uns nehmen alle alles.   Paul
2. Meine Freunde finden das gut.   Vera
3. Wir arbeiten alle in einem Büro.   Oli und Mehmed
4. Nicht immer braucht man ein Auto.   Sven und Sarah
5. Es bleibt oft Essen übrig.   Alex

4a

Ergänzen Sie.

1. Alex teilt *sein* Büro, _____ Computer und _____ Kaffeemaschine.

2. Vera teilt _____ Auto, _____ Schmuck und _____ Schuhe.

3. Oli und Mehmed teilen _____ Bücher, _____ Kühlschrank und _____ Waschmaschine.

4. Du teilst _____ Ideen, _____ Laptop und _____ Essen.

5. Wir teilen _____ Wissen, _____ Erfahrungen und _____ Computer.

6. Ihr teilt _____ Arbeit, _____ Büro und _____ Bücher.

4b

Was teilen Sie?

Mein/e/n ______________________________.

Was teilen Sie nicht? ______________________________. Das geht gar nicht!

4c

Fragen Sie Ihren Partner / Ihre Partnerin.

Was teilst du? Was geht gar nicht? Warum? / Warum nicht?

5a

Welche Dinge sind Ihnen wichtig? Sortieren Sie den Dialog.

- ___ B: Ja und? Du kannst auch mit dem Bus fahren.
- 1 A: Mein Fahrrad ist wichtig. Ich brauche es jeden Tag.
- ___ A: Nein, mit dem Bus dauert es zu lange.
- ___ B: Ach so. Ja dann! Für mich ist mein Fahrrad nicht so wichtig.
- ___ B: Dein Fahrrad? Warum ist das so wichtig?
- ___ A: Ich fahre mit dem Rad zur Arbeit.

5b

Spielen Sie einen Dialog wie in 5a.

A: Mein/e ______________ ist / sind wichtig.

B: Warum ______________?

A: Ich brauche ihn / sie / es ______________.

B: Das verstehe ich nicht. Du kannst ______________.

A: Nein, ______________.

B: Ja dann! Für mich ist /sind ______________.

6

Ergänzen Sie Endungen und Nomen.

1. A: Entschuldigung, ist das Ihr- Auto?
   B: Ja, das ist mein___ ______________.
   A: Fahren Sie bitte Ihr___ ______________ weg. Das ist mein___ Parkplatz.
   B: Oh, Entschuldigung!

2. A: Darf ich dein___ ______________ lesen?
   B: Das ist nicht mein___ ______________.
   A: Ach so.

3. A: Sind das eu___ ______________?
   B + C: Ja, das sind unser___ ______________.
   A: Für ______________ haben wir unser___ Schuhschrank, schon vergessen?
   B + C: Ja, ja, ist ja gut.

4. A: He, was machst du da? Das ist mein___ ______________!
   B: Ich will schnell etwas im Internet suchen, ist das okay?
   A: Nein, das ist nicht okay! Mein___ ______________ darfst du nicht nehmen. Das möchte ich nicht.

7

Welche Kleidung haben die Personen an? Schreiben Sie.

Er hat einen _____

_____

_____

Sie hat _____

_____

_____

8

Wie kann Kleidung sein? Finden Sie die 11 Wörter.

E	A	L	T	M	O	D	I	S	C	H
L	A	N	G	W	E	I	L	I	G	S
E	Q	G	T	E	N	G	J	C	X	K
G	S	C	H	I	C	K	F	O	L	U
A	X	Y	H	T	J	Ä	X	O	A	R
N	P	M	O	D	E	R	N	L	N	Z
T	H	Ä	S	S	L	I	C	H	G	H

eng, _____

_____

_____

_____

9a *Track 43*

Paula und Vera shoppen. Hören Sie: Wer nimmt was? Notieren Sie.

Paula nimmt _____ und _____.

Vera nimmt _____.

9b

Ergänzen Sie.

Paula: _____ gefällt das Kleid. Wie gefällt _____ die Jacke?

Vera: Gut, aber die Farbe steht _____ nicht. Probier mal, vielleicht passt sie _____.

9c

Ergänzen Sie die richtige Form von gefallen.

A: Mir gefällt der Mantel. _____ dir der Mantel auch?

B: Nein, aber mir _____ die Schuhe.

A: Die Schuhe da? Die _____ mir gar nicht. Die sind doch furchtbar.

9d

Was gefällt Ihnen an anderen? Schreiben Sie Zettel und schenken Sie sie Ihren Kurskollegen / Kurskolleginnen.

| Mir gefällt deine Bluse. | Deine Jacke ist toll. |
| Die Farbe ist schön. | Sie steht dir gut. |

Ergänzen Sie.

1. A: Ich verstehe die Übung nicht. Hilfst du *mir*?

   B: Natürlich helfe ich _____.

2. A: Ich habe keinen Stift. Gibst du _____ dein___?

   B: Na klar, ich gebe _____ mein___ Stift.

3. A: Zeigst du _____ dein___ Fotos?

   B: Nein, ich möchte _____ mein___ Fotos nicht zeigen.

Sprechen Sie in der Gruppe.

die Jacke – die Uhr – die Brille – das Buch – der Stift – der Hut – die Handschuhe – das Telefon – die Socken

A: Zeigst du / Gibst du mir deine Jacke?
B: Klar, ich zeige / gebe dir gern meine Jacke. Zeigst du mir dein Telefon?
C: Klar, hier ist es.

Fragen Sie Ihren Partner / Ihre Partnerin.

keine Schuhe für die Party haben – Tasche zu schwer – den Weg nicht kennen – Spanisch lernen wollen – Computerprobleme haben …
geben – helfen – zeigen – Unterricht geben …

A: Kannst du mir helfen?
   Ich …
   Meine …

B: Klar, ich helfe dir gern.
   Ich gebe / zeige dir …
   Tut mir leid, da kann ich dir nicht helfen.

Schreiben Sie die richtigen Sätze zu den Bildern.

Der Mann		dem Mann	den Tennisball.
Das Kind		dem Kind	das Eis.
Die Frau	gibt	der Frau	die Wurst.
Der Hund		dem Hund	die Blumen.

1. *Die Frau gibt* _____

2. _____

3. _____

4. _____

Schreiben Sie Sätze.

Beispiel: Ich gebe   *der Frau das Buch.*

1. Ich schenke _____

2. Meine Eltern zeigen _____

3. Meine Freundin schenkt  _____

4. Die Nachbarin gibt _____

  Seite 133, KB

Hanna im Glück. Wer schenkt wem was?

Beispiel: Was schenkt der Chef der Frau? *Der Chef schenkt der Frau ein Auto.*

1. Wem schenkt die Frau das Auto? _____

2. Was schenkt der Freund der Frau? _____

3. Wer schenkt der Frau die Schuhe? _____

4. Wem schenkt die Frau die Wurstbrote? _____

5. Was schenkt die Studentin der Frau? _____

Richtig schreiben: Schreiben Sie die Wörter richtig.

1. uhStl – der _____

2. heJar – die _____

3. Wonhremmiz – das _____

4. rhU – die _____

5. gunhWon – die _____

6. sernehFer – der _____

Ergänzen Sie die Wörter aus 12a.

A: Komm, ich zeige dir unsere _____ .

   Das ist unser _____ .

B: Oh, der _____ ist schön. Ist der alt?

A: Ja, sehr alt. Mein Großvater hat ihn gemacht.

B: Und die _____ ist toll.

A: Ja, sie ist auch alt, hundert _____ .

B: Wow! Und wo ist euer _____ ?

A: Hier, im Schrank. Er ist kaputt.

13a

Lesen Sie die Notizen und die E-Mails. Was passt zusammen?

A
Fritz Fotos
schicken

B
Samstag-
nachmittag:
Karin braucht
Auto

C
Kleidertausch-
party am Samstag

1

Liebe Sabine,
du hast letztes Wochenende auf der Party doch Fotos gemacht.
Kannst du sie mir bitte schicken? Ich möchte sie gern meinen
Kollegen zeigen.
Liebe Grüße
dein Nachbar

2

Hallo Sabine,
weißt du noch, letztes Jahr die Kleidertauschparty bei Kira?
Das war so lustig! Ich habe mir gedacht: Warum machen
wir das nicht wieder? Am Samstag gibt es bei mir eine
Kleidertauschparty. Bring doch auch Sachen mit. Mir gefallen
deine Kleider, Röcke und Blusen nämlich sehr. ☺
Bis Samstag
Hanna

3

Liebe Mama,
ich habe eine Bitte: Gibst du mir am Samstagnachmittag
dein Auto? Ich möchte ins Einkaufszentrum fahren, ich
brauche ein Geschenk für Isa. Bitte sag ja.
Liebe Grüße
Karin

13b

Lesen Sie die E-Mail und schreiben Sie eine Notiz.

_____

_____

Lieber Jochen,
leider geht es mir noch nicht so gut. Ich bin immer
noch krank. Kannst du mir morgen einen Liter Milch
und Brötchen bringen?
Vielen Dank
Mama

13c

Lesen Sie die Notiz und schreiben Sie die E-Mail.

Tom schreiben:
Geschenk für Papa — Schal

Lieber Tom,

_____

_____

_____

Hanna

1a (P) (≣) *Seite 138, KB*

Lesen Sie den Text noch einmal. Was ist richtig?

	richtig	falsch
1. Der Life Ball sammelt Geld für HIV- und AIDS-Projekte.	☐	☐
2. Der Ball findet im Sommer statt.	☐	☐
3. Die Gäste müssen keine Masken, aber ein Kostüm tragen.	☐	☐
4. Berühmte Designer zeigen dort auch ihre Mode.	☐	☐

1b

Was passt nicht? Streichen Sie.

1. Fest – Ball – Party – Kurs

2. Maske – Gast – Kostüm – Kleidung

3. günstig – fantastisch – bunt – kreativ

4. Designer – Politiker – Modenschau – Modell

2a

Jahreszahlen. Lesen Sie laut und verbinden Sie.

1. siebzehnhundertneunundachtzig

2. achtzehnhunderteinundneunzig

3. zweitausendneunzehn

4. sechzehnhundertachtundvierzig

5. neunzehnhundertneunundachtzig

a. 1989

b. 1891

c. 1648

d. 1789

e. 2019

2b (◀)) *Track 44*

Welche Jahreszahl hören Sie? Kreuzen Sie an.

1. ☐ a. 1889 ☐ b. 1998

2. ☐ a. 2012 ☐ b. 1202

3. ☐ a. 1820 ☐ b. 2018

4. ☐ a. 1613 ☐ b. 1316

2c (◀)) *Track 45*

Hören Sie die Jahreszahlen und notieren Sie.

1. *1995*   2. _____   3. _____   4. _____   5. _____   6. _____

3

Gibt es ein berühmtes Fest in Ihrem Land? Schreiben Sie.

Wie heißt das Fest? Wann und wo findet es statt? Was machen die Gäste? Gibt es Musik / Kostüme / Tanz? Wie finden Sie das Fest?

_____

_____

_____

_____

4a

Was ist positiv, was ist negativ, was kann positiv oder negativ sein? Sortieren Sie.

komisch | verrückt | interessant | fantastisch | langweilig | hässlich | schön | wunderbar | kreativ | furchtbar | toll

positiv: *interessant,* _____

negativ: _____

positiv oder negativ: _____

4b

Finden Sie Gegensätze.

Beispiel: normal ⟷ *verrückt*

1. interessant ⟷ _____   2. schön ⟷ _____   3. wunderbar ⟷ _____

4c

Was ist ähnlich?

Beispiel: uninteressant = *langweilig*

1. spannend = _____   2. hübsch = _____

3. toll = _____ = _____

5a

Verbinden Sie.

1. Schau mal, die da, die ist schön!   a. Das da?

2. Der ist cool!   b. Meinst du die? Die Prinzessin?

3. Das Foto ist super.   c. Die drei mit den Masken?

4. Wie findest du den da?   d. Der mit dem Hut?

5. Die da sehen echt toll aus.   e. Den links?

Info:

der Mann → Guck mal, der da!
die Frau → Guck mal, die da!
das Kostüm → Guck mal, das da!
die Leute → Guck mal, die da!

den Mann → Siehst du den?

5b

Wie finden Sie die Fotos? Sprechen Sie mit Ihrem Partner / Ihrer Partnerin.

A: Der Hut ist ...
   Ich meine den hier. Der ist ...

B: Der? Meinst du den?
   Ja, finde ich auch.
   Warum? Ich finde den ...

76 | 10 | **Feste und Gäste**

→ *das Datum angeben; Ordinalzahlen; am + Dativ (temporal)*
→ *über Geburtstage und andere Feiern sprechen; Einladungen*

 6a

Ergänzen Sie die Monate im Geburtstagskalender.

GEBURTSTAGSKALENDER					
Januar					
		25. Mama			

 6b   *Track 46*

Hören Sie und schreiben Sie die Geburtstage in den Kalender.

 6c

Wann haben die Personen Geburtstag? Fragen Sie Ihren Partner / Ihre Partnerin.

Wann hat die Mutter Geburtstag?
Wann ist der Geburtstag von Sven?

Am ersten / dritten / …

Info:

....

das Datum:
1.8. = der erste August = der erste Achte
3.7. = der dritte Juli = der dritte Siebte

2, 4–19: + te   ab 20: + ste

....

6d

Verbinden Sie.

1. Welcher Tag ist heute?
2. Wann sind Sie geboren?
3. Was für ein Tag ist der neunte Dezember?
4. Welches Datum haben wir heute?

a. Am elften November 1985.
b. Der vierte August.
c. Den siebzehnten Fünften.
d. Ein Samstag.

 7

Wie feiern Sie Geburtstag? Fragen Sie Ihren Partner / Ihre Partnerin.

A: Wann hast du Geburtstag?
   Wie feierst du?

B: Am …
   Mit meiner Familie / meinen Freunden / Kolleginnen / …
   Ich koche / mache …Wir gehen / tanzen / spielen / trinken …
   Ich feiere meinen Geburtstag nicht. Aber ich feiere meinen Namenstag / …

 8a

Lesen Sie die Einladungen. Kreuzen Sie an: richtig oder falsch?

A

Liebe Freunde,
am 10. Februar werde ich 20! :-) Das möchte ich gern
am 11. Februar um 21 Uhr im Pasito feiern. Das Motto
für meinen Geburtstagsabend ist: Alles mexikanisch!
Also kommt bitte im Kostüm und / oder mit Maske.
Ich freue mich!
Liebe Grüße
Maja

	richtig	falsch
1. Maja feiert ihren 20. Geburtstag im Pasito.	☐	☐
2. Das Motto von Majas Party ist Mexiko.	☐	☐
3. Die Party ist am 10.2.	☐	☐

B

Meine Lieben,
am 8. September habe ich Geburtstag und den möchte ich wieder in meinem Garten feiern.
Ich lade euch herzlich zu meiner Party am 10. September (Samstag) ein. Wir fangen um 17 Uhr an. Könnt ihr bitte einen Salat mitbringen? Getränke organisiere ich. Vergesst nicht einen Pullover oder eine Jacke! Abends kann es im Garten kalt werden.
Euer Tom

	richtig	falsch
1. Tom feiert seinen Geburtstag in seinem Garten.	☐	☐
2. Die Freunde müssen nichts mitbringen.	☐	☐
3. Die Freunde müssen Getränke mitbringen.	☐	☐

8b

Welche Antwort passt?

1. Ich habe heute Geburtstag!
   a. Du hast Glück!
   b. Herzlichen Glückwunsch!

2. Ich lade dich herzlich zu meiner Party ein.
   a. Das ist so schade! Ich bin leider krank.
   b. Deine Party ist cool.

3. Wie war die Feier?
   a. Sehr schön. Du hast gefehlt!
   b. Ich feiere jedes Jahr.

4. Ich bin leider krank.
   a. Werde schnell gesund! Alles Gute!
   b. Das ist komisch.

9 *Seite 142, KB*

Lesen Sie den Text noch einmal. Für wen ist Hopping Dinner eine gute Idee?

1. Franzi: Sie isst gern Fast Food. Sie geht oft zum Schnellimbiss und kauft eine Bratwurst oder eine Currywurst. Selbst kochen? Das kann sie gar nicht und sie möchte es auch nicht lernen.

2. Jonas: Er ist neu in der Stadt. Er möchte Leute kennenlernen. Jonas kocht sehr gern. Das hat er von seiner Mutter gelernt. Jonas möchte auch immer Rezepte ausprobieren.

3. Clara: Sie kocht sehr gern. Sie kennt viele Rezepte und probiert sie für ihre Familie aus. Clara und ihr Mann haben drei Kinder. Am Sonntag kommen die Eltern oft zu Besuch.

10

Schreiben Sie mit jedem Verb einen Satz.

	anbieten	Rezepte
Ich	eingeben	Geschenke
Du	austauschen	um 18.00 Uhr
Er	mitbringen	viele Speisen
Sie	aussehen	viele Menschen
Wir	ankommen	die Daten
	kennenlernen	gut

Wir bieten viele Speisen an.

Ergänzen Sie die Verben.

bekommen | vergessen | erzählen | genießen | gefallen | ~~besuchen~~

Am Wochenende *besuchen* wir oft meine Eltern. Mein Vater _____ dann viel. Das _____ mir. Manchmal

weiß er nicht weiter. Er sagt oft: „Ich _____ alles." Aber das stimmt nicht. Ich _____ seine Geschichten immer

sehr. Ich möchte sie aufschreiben. Die Texte _____ dann meine Kinder und Enkelkinder.

12

Welche Antworten passen? Schreiben Sie.

~~Ja, gern. Ein Glas Wasser.~~ | Nein, ich habe gerade zu Mittag gegessen. | Danke, aber ich habe schon so viel gegessen! | Nein danke, ich trinke keinen Alkohol. | Ja, sehr gut, danke.

Beispiel: Möchten Sie etwas trinken?   *Ja, gern. Ein Glas Wasser.* _____

1. Darf ich Ihnen ein Glas Wein anbieten? _____

2. Hast du Hunger? _____

3. Nehmen Sie doch noch etwas. _____

4. Schmeckt es? _____

13a Ⓟ 🔊 *Track 47*

Hören Sie das Gespräch. Was ist richtig?

	richtig	falsch
1. Herr und Frau Keindl sind zum ersten Mal bei Familie Peters.	☐	☐
2. Frau Peters arbeitet gern im Garten	☐	☐
3. Alle trinken zuerst ein Glas Wein.	☐	☐

13b

Hören Sie noch einmal und ergänzen Sie.

Frau Peters: Guten Tag, Frau Keindl, _____ _____, Herr Keindl.

Herr Keindl: Guten Tag, Frau Peters. _____ für die Einladung.

Frau Peters: _____, dass Sie gekommen sind. Kommen Sie doch herein.

Herr Keindl: _____. Ihr Haus ist sehr schön. Und der Garten! Der macht sicher viel Arbeit.

Frau Peters: Ja, aber er macht mir auch sehr viel _____. Nehmen Sie Platz. Mein Mann kommt gleich.

Frau Keindl: Danke.

Herr Peters: Hallo, Frau Keindl, Herr Keindl. Darf ich Ihnen etwas zu trinken _____? Ein Glas _____?

Frau Keindl: Danke, aber ich _____ keinen Alkohol.

Herr Peters: Vielleicht einen _____?

Frau Keindl: Ja, _____ _____.

Herr Keindl: Ich nehme gern ein Glas Wein.

Alle: _____!

14

Verbinden Sie die Sätze mit denn.

Beispiel: Die Party war toll. Die Gäste waren nett. *Die Party war toll, denn die Gäste waren nett.*

1. Das Essen war super. Jonas kocht gern und gut.

_____

2. Die Nachbarn waren sauer. Die Musik war zu laut.

_____

3. Wir sind mit dem Taxi nach Hause gefahren. Es hat geregnet.

_____

4. Wir sind müde. Es war schon spät.

_____

15

Richtig schreiben: Ergänzen und schreiben Sie die Wünsche und Grüße.

Beispiel: A l l es Gute!   *Alles Gute!* _____

1. Alles L   be! _____

2. Her   lichen Glü   wunsch! _____

3. Danke für a   es! _____

4. Guten A   etit! _____

5. Pro   ! _____

16a P

Ergänzen Sie die E-Mail.

Geburtstag | das Essen | für die Einladung | meine Frau | Viele Grüße | zwei Wochen

Liebe Frau Peters, lieber Herr Peters,

meine Frau und ich, wir möchten noch einmal danke _____ sagen. Der Abend war

sehr nett und _____ war fantastisch. In _____, am 25. Juli, machen wir eine Feier,

denn meine Frau hat _____. Wir möchten Sie herzlich einladen. Wir beginnen um 19.00 Uhr.

_____

Franz Keindl

16b P

Sie planen eine Kursparty. Schreiben Sie eine Einladung an Ihren Lehrer / Ihre Lehrerin.

Liebe Frau _____ / Lieber Herr _____,

wir machen _____

Kommen _____

_____ .

Viele _____

Hören

1 **Hören Sie die Telefonnachrichten. Was ist richtig? Kreuzen Sie an: a, b oder c?**

Beispiel 🔊 *Track 48*

0. Wo steht Daniel?

- a am Bahnhof
- b vor dem Café
- ☒ vor dem Nationalmuseum

Sie hören:

Hi Tom! Ich bin schon am Bahnhof angekommen und habe unglaublich viel zu erzählen.

Das erzähle ich dann alles im Café.

Ich stehe jetzt vor dem Nationalmuseum und warte. Bis gleich. ———— Diese Information ist wichtig. → Antwort c ist richtig.

Strategie:

1. Lesen Sie die Fragen und die Antworten.
2. Hören Sie den Text und kreuzen Sie die richtige Antwort an.
3. Hören Sie den Text zum zweiten Mal – ist Ihr Kreuz richtig?

Jetzt Sie 🔊 *Track 49*

1. Was will Tom am Wochenende machen?

- a Nach Hamburg fahren.
- b Nach Leipzig fahren.
- c Ins Theater gehen.

Tipp:

– Manchmal sind im Hörtext neue Wörter, zum Beispiel hier *unglaublich*.
Das müssen Sie nicht verstehen – hören Sie nur auf die gesuchte Information.
– Sie hören jeden Text zweimal.

2. Wann kann man den Film sehen?

- a Um 18 und 20 Uhr.
- b Um 18:30 und 20:30 Uhr.
- c Um 21 Uhr.

3. Warum kommt Lena nicht zur Party?

- a Sie bekommt Besuch.
- b Sie hat keine Zeit.
- c Sie ist krank.

4. Wann kommt Pia an?

- a Um 17:43 Uhr.
- b Um 18:43 Uhr.
- c Um 18:13 Uhr.

5. Wann ist die Praxis geschlossen?

- a Am Vormittag.
- b Am Nachmittag.
- c Am Mittwoch.

Checkliste fürs Hören

1. Ich verstehe Jahreszahlen, Monatsnamen, Wochentage und Uhrzeiten.
   理解年份、月份、一周七天和钟点的表达。
2. Ich verstehe Mengen (Kilogramm, Stück) und Preise.
   理解量词（数量、重量）和价格的表达。
3. Ich höre Texte bis zum Schluss.
   能够完整地听完每一篇文章。
4. Unbekannte Wörter verwirren mich nicht, ich höre auf die gesuchten Informationen.
   遇到陌生词汇不会慌，注意听需要查找的信息。

Lesen

1   Lesen Sie die Texte und Aufgaben. Kreuzen Sie an: richtig oder falsch?

Liebe Claudia,

ich habe eine Bitte: Sascha hat seit einem Jahr Deutsch in der Schule und einige
Probleme. Du bist ja Deutschlehrerin. Hast du Zeit und lernst ein paar Mal mit ihm?
Leider hat er von Montag bis Freitag immer viel zu tun. Geht es auch am Wochenende?
Vielen Dank im Voraus!
Liebe Grüße
Oksana

---

1. Claudia kann gut Deutsch.	☐	richtig	☐	falsch
2. Sascha hat am Wochenende keine Zeit.	☐	richtig	☐	falsch

Lieber Jochen,

wir wohnen jetzt schon seit drei Monaten in Wien. Am Anfang war es etwas schwierig,
aber wir haben uns eingelebt. Die Kinder gehen in die Schule und haben schon
Freunde gefunden. Auch die Arbeitskollegen sind sehr nett. Nur mit der Sprache
habe ich manchmal Probleme. Die Österreicher sprechen doch etwas anders als die
Deutschen.

Möchtest du uns einmal besuchen? Wien ist eine tolle Stadt und wir haben auch ein
Gästesofa. Du kannst von Berlin fliegen oder mit dem Zug fahren. Im Dezember gibt
es einen Weihnachtsmarkt direkt vor dem Rathaus. Das wäre doch nett, oder?
Hoffentlich bis bald,
Clemens

---

3. Deutsche haben in Österreich keine Probleme mit der Sprache.	☐	richtig	☐	falsch
4. Clemens wohnt in Berlin.	☐	richtig	☐	falsch
5. Jochen kann auf dem Sofa für Gäste schlafen.	☐	richtig	☐	falsch

Strategie:

Lesen Sie zuerst die
Sätze (1, 2), dann den
Text. Markieren Sie die
gefragten Informationen.

Tipp:

Beispiel finden Sie auf S. 17.
Denken Sie daran:
Sie müssen nicht alle
Wörter verstehen!

Checkliste fürs Lesen

1. Ich kann in Texten die wichtigen Informationen finden.
   能够找到文中的重要信息。   ☐

2. Ich denke nicht lang über unbekannte Wörter nach. Ich lese einfach weiter.
   对陌生词汇不展开过多的思考，继续阅读下文。   ☐

3. Ich habe viele Texte im Buch noch einmal gelesen.
   阅读教材中的大量文章。   ☐

4. Ich habe viele Schilder und Kurzinformationen auf Deutsch gelesen, auch im Internet.
   阅读大量（网络上）德语指示牌和短信息。   ☐

Schreiben

1a **Eine private Einladung schreiben: Was passt nicht? Streichen Sie.**

Ich möchte dich zu meinem Geburtstag einladen. | ~~Sehr geehrte Damen und Herren~~ | Hallo, meine Lieben |
Die Party beginnt um 19 Uhr. | Mit freundlichen Grüßen | Bitte bringt Geschenke mit! |
Könnt ihr bitte etwas zum Essen und Trinken mitbringen, vielleicht einen Salat und eine Flasche Wein? |
Ich möchte euch zu meiner Geburtstagsparty einladen. | Warum kommt ihr nicht? | Die Party findet Samstag, den 24.6. statt. |
Am 30. September werde ich 30. Das möchte ich feiern. | Kommt ihr am Samstag oder am Mittwoch? |
Bringt bitte Musik mit! | Vielen Dank für die Einladung. | Liebe Grüße | Liebe Freunde und Freundinnen | Ich komme gern.

1b **Schreiben Sie eine Einladung zu einer Party. Schreiben Sie zu jedem Punkt ein bis zwei Sätze (ca. 30 Wörter).**

– Warum machen Sie die Party?
– Wann machen Sie die Party?
– Was sollen Ihre Freunde mitbringen?

Tipp:

– Ein Beispiel finden Sie auf Seite 36.
– Schreiben Sie du, ihr oder Sie? Achtung, nicht mischen!
– Anrede, Gruß und Unterschrift nicht vergessen!

Checkliste fürs Schreiben

E-Mails, Briefe etc.: 邮件、信件等

1. Ich denke daran: Ich muss zu allen Punkten etwas schreiben. 必须针对每项要点撰写内容。
2. Ich schreibe Anrede, Gruß und meinen Namen. 写上称呼、问候语和姓名。
3. Ich schreibe Nomen groß. 文中名词首字母均需大写。
4. Ich schreibe einfache Sätze und nicht zu viel. 撰写简单的句子，内容不宜过多。
5. Ich schreibe deutlich, man kann es gut lesen. 书写整洁，便于阅读。
6. Zum Schluss lese und kontrolliere ich meinen Text. 最后阅读和检查全文。

Formulare: 表格

7. Ich verstehe die wichtigsten Wörter in Formularen (Name, Beruf, Alter, Wohnort usw.) 理解表格中的重要词汇
   （姓名、职业、年龄、居住地等）。
8. Ich sehe, wo ich Informationen ergänzen muss. 能够看到（表格中）需要补充信息的地方。

Sprechen

1a **Sehen Sie die Bildkarten an und formulieren Sie Bitten. Sie können auch die Satzanfänge und Wörter unten benutzen.**

Kannst du bitte …?

Darf ich / Kann ich …?

Ich möchte (gern) …?   bezahlen   gehen

Hast du …?   bringen   lesen

Ich habe eine Bitte.   aufräumen   trinken

Entschuldigung, aber …   geben   machen

Gehst du mit mir …?   kaufen   nehmen

Wollen wir …?

Gibst du mir …?

1b **Spielen Sie Dialoge mit Ihrem Partner / Ihrer Partnerin.** 🧍🧍

Tipp:

Lesen Sie den Tipp auf Seite 51.

Checkliste fürs Sprechen

1. Ich spreche laut und deutlich. 能够大声和清楚地交流。 ☐
2. Ich schaue die andere Person an. 交流时，能够注视对方。 ☐
3. Ich denke nicht zu viel an die Grammatik; Fehler sind jetzt nicht so wichtig. 无需过多地考虑语法，在这里错误并不是很重要。 ☐
4. Ich kann nachfragen, wenn ich etwas nicht verstehe. 如果遇到不理解的内容，能够进行询问。 ☐

Vorstellen: 自我介绍

5. Ich habe meinen Vorstellungstext gut gelernt. 掌握自我介绍的具体内容。 ☐
6. Ich verstehe Fragen zu meiner Person. 能够理解关于个人基本信息的问题。 ☐

Um Informationen bitten / Informationen geben: 询问和提供信息

7. Ich kenne die Fragewörter (W-Fragen). 了解特殊疑问词（特殊疑问句）。 ☐
8. Ich kann zu verschiedenen Themen Fragen stellen. 能够围绕不同的主题进行提问。 ☐

Bitten formulieren / auf Bitten reagieren: 提出和回复请求

9. Ich kenne Wendungen (Satzanfänge) für Bitten. 了解提出请求的表达方式。 ☐
10. Ich weiß, wie man danke und höflich nein sagt. 熟悉如何表示感谢和礼貌地说"不"。 ☐

Die Prüfung „Start Deutsch 1"

Die Prüfung heißt „Start Deutsch 1". Das sind die Teile in der Prüfung:

Prüfungsteil	Aufgabe	Was machen Sie?	Zeit	Punkte
Hören				
Teil 1	kurze Gespräche hören	Sie hören Gespräche und lesen Aufgaben. Sie entscheiden: Ist a, b oder c richtig?	ca. 20 min	6 Punkte
Teil 2	Durchsagen hören	Sie hören Durchsagen und lesen Aussagen. Sie entscheiden: Ist die Aussage richtig oder falsch?		4 Punkte
Teil 3	Telefonansagen hören	Sie hören Ansagen und lesen Aufgaben. Sie entscheiden: Ist a, b oder c richtig?		5 Punkte
Lesen				
Teil 1	E-Mails oder kurze Texte lesen	Sie lesen Texte und Aussagen. Sie entscheiden: Ist die Aussage richtig oder falsch?	ca. 25 min	5 Punkte
Teil 2	Kleinanzeigen lesen	Sie lesen Situationen und Anzeigen. Sie entscheiden: Passt Anzeige a oder b zur Situation?		5 Punkte
Teil 3	Schilder, Aushänge etc. lesen	Sie lesen Texte und Aussagen. Sie entscheiden: Ist die Aussage richtig oder falsch?		5 Punkte
Schreiben				
Teil 1	Formular ergänzen	Sie lesen einen Text mit Informationen. Sie schreiben die richtigen Informationen in ein Formular.	ca. 20 min	5 Punkte
Teil 2	eine E-Mail o. Ä. schreiben	Sie lesen eine Aufgabe und schreiben eine E-Mail oder einen kurzen Brief.		10 Punkte
Sprechen				
Teil 1	sich vorstellen	Sie bekommen einen Bogen mit Stichpunkten und sprechen über sich. Dann beantworten Sie Fragen: Sie buchstabieren ein Wort und nennen Zahlen.	ca. 15 min	3 Punkte
Teil 2	Informationen geben und nach Informationen fragen	Sie bekommen Karten mit Stichpunkten. Sie fragen nach Informationen und antworten auf Fragen.		6 Punkte
Teil 3	Bitten formulieren und auf Bitten reagieren	Sie bekommen Karten mit Bildern. Sie bitten um etwas und reagieren auf Bitten.		6 Punkte

Am Ende müssen Sie alle Lösungen auf den Antwortbogen übertragen. Sie kreuzen auf dem Antwortbogen die Lösung an oder schreiben die Wörter (aus „Schreiben, Teil 1") auf den Antwortbogen. **Wichtig:** Den Text für die Aufgabe „Schreiben, Teil 2" schreiben Sie direkt auf den Antwortbogen.

Maximale Punktzahl: 60 Punkte x 1,66 = 100 Punkte. Mit 60 Punkten (60%) haben Sie die Prüfung bestanden.

Hören  Track 50

Es gibt drei Teile. Sie hören kurze Gespräche und Ansagen. Zu jedem Text gibt es eine Aufgabe. Lesen Sie zuerst die Aufgabe, hören Sie dann den Text dazu. Kreuzen Sie die richtige Lösung an. 听力理解由三部分组成。听力内容包括短小对话、广播通知和电话录音。每篇听力内容设有问题。请先读题，再听录音，并在正确答案上打叉。（其中第一和第三部分的录音播放两遍，第二部分的录音仅播放一遍。）

Hören, Teil 1

Was ist richtig? Kreuzen Sie an: a , b oder c . Sie hören jeden Text zweimal.

Beispiel

0 Wann ist Ihr Termin beim Zahnarzt?

| a am 7.5. | b am 5.7. | c am 17.5. |

1 Was bestellt die Frau?

| a Tee | b Mineralwasser | c Kaffee |

2 Wann ist Luigi in München?

| a um 12.30 Uhr | b um 13.30 Uhr | c um 11.30 Uhr |

3 Was kostet ein Kilo Äpfel?

a 1,99 € b 1,49 € c 1,95 €

4 Was kauft der Mann?

a eine Hose b einen Pullover c ein Hemd

5 Wo kann der Mann den Pass abholen?

a im 2. Stock b im 1. Stock c im 3. Stock

6 Wohin fährt Martina am Wochenende?

a nach Berlin b ans Meer c in den Schwarzwald

Hören, Teil 2

Kreuzen Sie an: richtig oder falsch. Sie hören jeden Text einmal.

Beispiel

0   Die Reisenden sollen um 14 Uhr am Bus sein.   ☐ richtig   ☐ falsch

7   Die Reisenden nach Dresden sollen zu Gleis 11 gehen.   ☐ richtig   ☐ falsch

8   Die Besucher sollen Jacken und Taschen am Eingang abgeben.   ☐ richtig   ☐ falsch

9   Man kann das Portmonee an der Information abholen.   ☐ richtig   ☐ falsch

10   Herr Tran soll zu Gate 77 kommen.   ☐ richtig   ☐ falsch

Hören, Teil 3

Was ist richtig? Kreuzen Sie an: a , b oder c . Sie hören jeden Text zweimal.

11   Wann beginnt die Feier?
- a   Um 13:00 Uhr.
- b   Um 14:00 Uhr.
- c   Um 14:30 Uhr.

12   Was soll Herr Kluth machen?
- a   Die Nachbarin anrufen.
- b   Eine Nachricht schreiben.
- c   Sofort nach Hause kommen.

13   Wo treffen sich die Männer?
- a   Am Stadion.
- b   Bei Sascha.
- c   Vor dem S-Bahnhof.

14   Was soll Karin machen?
- a   Die Freundin anrufen.
- b   Eine Nachricht schreiben.
- c   Später kommen.

15   Wann kommt Herr Rudolph?
- a   Um 8:15 Uhr.
- b   Um 8:45 Uhr.
- c   Um 9:15 Uhr.

Lesen

Es gibt drei Teile. Sie lesen kurze Briefe, Anzeigen etc. Zu jedem Text gibt es Aufgaben. Kreuzen Sie die richtige Lösung an. 阅读理解由三部分组成。阅读内容包括篇幅较短的信件和广告等。每篇阅读文章设有问题，请在正确答案上打叉。

Lesen, Teil 1

Lesen Sie die beiden Texte und die Aufgaben 1 bis 5. Kreuzen Sie an: richtig oder falsch.

Beispiel

0 Janina und Zahra treffen sich morgen im Café.   ☐ richtig   ☒ falsch

---

Hallo Zahra,
ich komme morgen um 15.00 Uhr zu dir. Ich bringe zwei Stücke Kuchen mit, ok?
Ich trinke im Moment übrigens keinen Kaffee, hast du auch Tee? Sag mir doch kurz
Bescheid. Ich freue mich schon!

Viele Grüße
Janina

---

1 Zahra soll Kuchen kaufen.   ☐ richtig   ☐ falsch

2 Janina möchte Tee trinken.   ☐ richtig   ☐ falsch

Hallo Ingolf,
vielen Dank für deine Einladung. Ich komme gern zu deiner Geburtstagsparty. Du
hast geschrieben, dass du kochen möchtest – das finde ich toll! Dein Essen ist immer
total lecker! Aber soll ich etwas zu trinken mitbringen? Oder Musik? Ich habe viele
gute CDs, dann können wir auch ein bisschen tanzen. Schreib mir einfach kurz oder
ruf mich an!

Bis bald
Chris

---

3 Ingolf feiert seinen Geburtstag.   ☐ richtig   ☐ falsch

4 Chris mag das Essen von Ingolf.   ☐ richtig   ☐ falsch

5 Chris tanzt nicht so gern.   ☐ richtig   ☐ falsch

Lesen, Teil 2

Lesen Sie die Texte und die Aufgaben. Wo finden Sie Informationen? Kreuzen Sie an: ☐a oder ☐b .

Beispiel

0 Sie wollen in Deutschland arbeiten. Wo finden Sie informationen?

> **www.hansens.de**
> Jobs für Köche, Kellner und Reinigungskräfte

> **www.und-weg.de**
> Hotels und Rundreisen – zu günstigen Preisen

☒ www.hansens.de

☐b www.und-weg.de

6 Sie kochen gern. Wo finden Sie Informationen?

> **www.lecker-essen.de**
> Sie mögen gutes Essen? Alle Restaurants in Ihrer Stadt finden Sie >> hier.

> **www.alles-neu.de**
> Sie möchten zu Hause etwas Neues kochen? Bei uns finden Sie mehr als 1000 tolle Rezepte!

☐a www.lecker-essen.de

☐b www.alles-neu.de

7 Sie suchen einen Job. Welche Anzeige passt?

> **www.workspace.eu**
> *Wir suchen Mitarbeiter/innen (z. B. Service, Büro, Bau). Rufen Sie an!*

> **www.kurs-info.de**
> Sie möchten weiter lernen? Wir informieren Sie über Kurse und Schulungen (Sprachen, IT etc.)

☐a www.workspace.eu

☐b www.kurs-info.de

8 Sie wollen ein Fahrrad kaufen. Wo finden Sie ein Fahrrad?

> **www.drahtesel.eu**
> Für Klein und Groß das passende Fahrrad – wir haben super Angebote.

> **www.radtouren.eu**
> Sie fahren gern Rad? Fahren Sie mit uns durch Süddeutschland und die Schweiz.

☐a www.drahtesel.eu

☐b www.radtouren.eu

9 Sie möchten tanzen gehen. Welche Anzeige passt?

> **www.gruenewald.eu**
> *Feiern Sie bei uns! Gutbürgerliche Küche, große Auswahl an Kuchen. Termine für Familienfeiern frei, rufen Sie uns an!*

> **www.cafe-holle.eu**
> Nicht nur Kaffee & Kuchen: Bei uns können Sie jeden Abend Livemusik hören und tanzen. Kommen Sie vorbei!

☐a www.gruenewald.eu

☐b www.cafe-holle.eu

10 Sie brauchen ein Buch für den Deutschkurs. Wo finden Sie das?

> **www.sprachen-lernen.eu**
> Deutsch, Englisch und viele andere Sprachen – einfach und schnell in unseren Kursen lernen.

> **www.muellers-online.eu**
> Mit einem Klick alle Bücher kaufen! Sachbücher, Romane, Bücher für den Unterricht versandkostenfrei.

☐a www.sprachen-lernen.eu

☐b www.muellers-online.eu

Lesen, Teil 3

Lesen Sie die Texte und die Aufgaben. Kreuzen Sie an: richtig oder falsch.

Beispiel

0 An der Bank.

> *Neue Öffnungszeiten:*
>
> **Mo-Fr 9-12 Uhr und 13-18 Uhr**

Es ist Mittwochmittag, kurz nach halb zwölf. Sie können in die Bank. ☒ richtig ☐ falsch

11 Am Schwarzen Brett im Supermarkt.

> **ZU VERKAUFEN:**
> Küchentisch und 2 Stühle
> Preis: 80,00 Euro

Sie können Möbel kaufen. ☐ richtig ☐ falsch

12 An der Bushaltestelle.

> **Information:**
> Buslinie 245 fährt nicht vom 24.5. bis 1.6.!

Es ist der 30. Mai. Sie können mit dem Bus 245 fahren. ☐ richtig ☐ falsch

13 In der Sprachschule.

> Unsere neuen Französischkurse beginnen am 1. September.
> Anmeldungen bis 20. August!

Sie können ab dem 20.8. Französisch lernen. ☐ richtig ☐ falsch

14 Beim Sportverein.

> Wichtige Information: Wir treffen uns zum Sport
> ab sofort in der Turnhalle in der Heinestraße 5!

Sie gehen zum Sport in die Heinestr. 5. ☐ richtig ☐ falsch

15 Beim Arzt.

> **Unsere Praxis ist vom 2.7. bis 17.7. geschlossen.**
> Der nächste Arzt ist in der Hansaallee 1.

Es ist der 1. Juli. Sie müssen zum Arzt in der Hansaallee 1. ☐ richtig ☐ falsch

Schreiben

Es gibt zwei Teile. Sie füllen ein Formular aus und schreiben einen kurzen Text. 书面表达由两部分组成。请填写一张表格并写一篇小短文。（短文通常是一封邮件。邮件内容要求针对题目中列出的三个要点进行撰写，字数为30个词左右。）

Schreiben, Teil 1

Ihr Bekannter Thomasz Kopanski (geboren am 15.12.1982) möchte einen Englischkurs machen.
Er ist Anfänger und hat nur am Abend Zeit.

Schreiben Sie die fünf fehlenden Informationen in das Formular. Am Ende übertragen Sie Ihre Lösungen bitte auf den Antwortbogen.

Anmeldung

Nachname:	Kopanski	**0**
Vorname:		**1**
Geburtsdatum:		**2**
Anmeldung für …		**3**
Ihr Niveau	☐ Anfänger/in ☐ Fortgeschrittene/r	**4**
gewünschte Kurszeit	☐ Vormittag ☐ Nachmittag ☐ Abend	**5**

Schreiben, Teil 2

Sie möchten mit einem Freund / einer Freundin Deutsch lernen. Schreiben Sie ihm / ihr eine kurze E-Mail.

- Was möchten Sie machen?
- Wo möchten Sie lernen?
- Wann haben Sie Zeit?

Schreiben Sie zu jedem Punkt ein bis zwei Sätze (ca. 30 Wörter) auf den Antwortbogen.
Vergessen Sie nicht den passenden Anfang und den Gruß am Schluss.

Sprechen

Es gibt drei Teile. Sprechen Sie in der Gruppe.

口头表达由三部分组成。考生四人一组，进行交流。（内容包括自我介绍、拼读单词和号码、询问和回答相关信息、提出请求并回应。

第一部分是自我介绍。考生拿到一张列有要点的提示纸，考生可以围绕要点进行自我介绍。然后考官根据自我介绍内容，要求考生对部分词汇和数字进行拼读。

第二部分是小组对话，要求考生围绕主题询问相关信息并回答。A考生向B考生询问，B考生向C考生询问，C考生向D考生询问，D考生向A考生询问。该部分对话需要围绕两个主题进行二轮提问和回答。

第三部分是小组对话，要求考生根据卡片上的图片提出要求并作出回应。A考生向B考生提要求，B考生向C考生提要求，C考生向D考生提要求，D考生向A考生提要求。这部分对话一共进行二轮。）

Sprechen, Teil 1

Sich vorstellen

> *Name?*
>
> *Alter?*
>
> *Land?*
>
> *Wohnort?*
>
> *Sprachen?*
>
> *Beruf?*
>
> *Hobby?*

Info:

Der Prüfer / die Prüferin bittet Sie jetzt noch, Ihren Namen oder ein anderes Wort zu buchstabieren und Ihre Telefonnummer oder eine andere Zahl zu sagen.

Sprechen, Teil 2

Um Informationen bitten und Informationen geben

Thema: Deutsch lernen	Thema: Deutsch lernen	Thema: Deutsch lernen
Bücher	**Tipps**	**Lieblingswort**

Thema: Deutsch lernen	Thema: Deutsch lernen	Thema: Deutsch lernen
Internet	**Kurs**	**Wörterbuch**

Thema: Urlaub	Thema: Urlaub	Thema: Urlaub
Freunde	**Flugzeug**	**Bus**

Thema: Urlaub	Thema: Urlaub	Thema: Urlaub
schlafen	**Fotos machen**	**schwimmen**

Sprechen, Teil 3

Bitten formulieren und darauf reagieren

1

1　1. heiße, komme aus Hamburg; 2. heiße Kento Sato, komme aus; 3. heiße, komme aus Bern

2a　1. Ich heiße Max. 2. Ich heiße Schmidt. 3. Ich bin Frau Meier.

2b　ich heiße　　du heißt　　Sie heißen
　　ich bin　　　du bist　　　Sie sind

3a　1. B: Ich heiße Max. Und du? A: Ich bin Paula. B: Ich komme aus Berlin, und du? A: Ich komme aus Hamburg.
　　2. A: Guten Tag. Mein Name ist Müller. Hans Müller. A: Ich komme aus Köln. Und Sie? B: Aus Wien. A: Ah, Sie kommen aus Wien!

4　2. b, 3. a, 4. b, 5. b

5a　Vorname, Nachname, Vorname, Nachname

6a　A Fußball, B Kino, C Musik, D Schokolade, F Tee

6b　1. C, 2. A, 3. F, 4. B, 5. E

6c　1. heißt Philipp Meier. Er kommt aus Köln. Er mag Kino.
　　2. heißt Ina Lange. Sie kommt aus Köln. Sie mag Fußball.

7a　A. Tschüss! Auf Wiedersehen! B. Hallo! Wie geht's dir? C. Guten Morgen, wie geht's Ihnen? D. Gute Nacht!

8　Jens, Bremen, Musik und Theater; Müller, Meike, Bremen, Fußball

9a　1. der Stift; 2. das Handy; 3. der Schlüssel; 4. die Schokolade; 5. die Flasche; 6. das Portmonee; 7. die Brille; 8. das Foto; 9. die Zeitung; 10. der Spiegel; 11. das Heft

9b　der: der Sport, der Regen, der Mann; das: das Kino, das Wort; die: die E-Mail, die Frau, die Sonne

10a　1. die Namen; 2. die Hefte; 3. die Spiegel; 4. die Telefone; 5. die Zahnbürsten; 6. die Fotos

10b　1. die Taschentücher und die Schlüssel; 2. die Männer und die Frauen; 3. die Zahnbürsten und die Spiegel; 4. die Telefone und die Handys; 5. die Theater und die Kinos

11a　bitte, danke, hallo, ich, Nachname, oder, schön, Tasche, und, Vorname, wer, Zahnbürste

11b　Tag, Tasche, Taschentuch, Tee, Telefon, Tennis, Theater, Tschüss

12a　1. P; 2. I; 3. Ü; 4. M; 5. D; 6. ß

12b　1. Fußball; 2. Österreich; 3. Schweiz; 4. Zahnbürste; 5. Lippenstift; 6. Sonnenbrille

13b　der Kaffee, die Musik, die Schokolade, der Sport, der Tee, das Telefon, das Theater, die Zigarette

14b　1. a; 2. b; 3. a; 4. a

14c　B: Ich heiße Nalpathamkalam. A: Wie bitte? Noch einmal bitte. B: Nalpathamkalam. A: Wie schreibt man das? B: Das schreibt man so: N-A-L-P-A-T-H-A-M-K-A-L-A-M A: Ist das der Nachname? B: Ja, mein Vorname ist Roy. A: Danke schön.

2

1a-b　1. shoppen gehen; 2. ins Restaurant gehen; 3. Sport machen; 4. (Musik hören); 5. schwimmen 6. ins Kino gehen 7. fotografieren 8. spazieren gehen 9. tanzen gehen

1c　1. ins Restaurant, spazieren, shoppen; 2. Musik, Sport; 3. Musik

1d　*zum Beispiel:* Ich gehe gern ins Kino. Ich gehe gern ins Theater. Ich mache gern Sport.

1e　*zum Beispiel:* Gehst du gern spazieren?

2a　A: (5), 8, 7, 1, 4, 9; B: (10), 11, 2, 3, 6

2b
	gehen	bleiben	machen	hören
ich	gehe	bleibe	mache	höre
du	gehst	bleibst	machst	hörst
er / sie	geht	bleibt	macht	hört
wir	gehen	bleiben	machen	hören
ihr	geht	bleibt	macht	hört
sie / Sie	gehen	bleiben	machen	hören

2c　1. schwimmt; 2. reise; 3. machst; 4. telefoniere; 5. gehen

3a　Frankreich, Mexiko, Niederlande, Türkei, Österreich, Vietnam, USA, Kenia

3b　nach: Frankreich, Mexiko, Österreich, Vietnam, Kenia; in die: Türkei, Niederlande

4　1. falsch; 2. richtig; 3. richtig; 4. falsch; 5. richtig; 6. richtig; 7. richtig; 8. falsch

5a　1. das; 2. das; 3. der; 4. eine; 5. ein, 6. eine; 7. eine

5b　1. Das ist eine Tasse. Die Tasse ist schön. 2. Das ist ein Auto. Das Auto ist teuer. 3. Das ist ein Fußball. Der Fußball ist bunt. 4. Das ist ein Messer. Das Messer ist billig. 5. Das sind Mozartkugeln. Die Mozartkugeln sind lecker.

6　*Beispiel:* eine Tasse. 1. Ist das ein; Nein, das ist kein Auto. Das ist ein Fußball. 2. Ist das ein; Nein, das ist kein Hut. Das ist eine Flasche. 3. Nein, das sind keine Stifte. Das sind Zahnbürsten. 4. Sind das; Nein, das sind keine Zeitungen. Das sind Taschentücher.

7a　1. 50; 2. 12; 3. 31; 4. 11; 5. 20; 6. 45; 7. 100; 8. 16; 9. 54; 10. 38; 11. 70; 12. 13; 13. 24; 14. 93

7b　a. achtundzwanzig; b. sieben, siebzehn, siebenunddreißig; c. neun, neunundzwanzig, neunundneunzig

8   1. c; 2. b; 3. a

9a   1. Italienisch; 2. Spanien; 3. Japanisch; 4. Türkei; 5. Chinesisch; 6. Frankreich; 7. Arabisch

9b   *Foto 1:* Er kommt aus Spanien. Er wohnt in Deutschland, in Hamburg. Ramiro spricht Spanisch, Englisch und Deutsch. *Foto 2:* (Das ist) Amelie. Sie kommt aus Belgien. Sie spricht Französisch, Deutsch und Englisch. Sie wohnt in Brüssel.

10a   1. Woher kommst du? 2. Was kostet das? 3. Was machst du gern? 4. Wo wohnen Sie? 5. Wie schreibt man das? 6. Sprechen Sie Englisch?

11   *Namen:* Lisa, Frau Berger, Jens; *Nomen:* das Auto, die Uhr, der Preis; *Länder:* Ägypten, Italien, Brasilien; *Sprachen:* Russisch, Deutsch, Englisch

12a   Yilmaz, Ahmet, Österreich, 06778841593, Türkisch und Deutsch

PT1

Hören

1   1. c; 2. a; 3. b; 4. c

Lesen

1   a. falsch; b. richtig; c. falsch

Schreiben

1   Monti, Enzo, Italien, Italienisch, Fußball und Tanzen

3

1   1. Guten Morgen. Was darf es sein? Eine Brezel bitte. Was kostet die? Danke. Auf Wiedersehen. 2. Drei Brötchen bitte. Dann drei Vollkornbrötchen. 2 Euro 10. Bitte sehr. Auf Wiedersehen.

2a   1. viel, sehr wenig; 2. nicht gern; 3. gern, sehr gern; 4. kein

2b   ich esse, du isst, er / sie / es isst, wir essen, sie / Sie essen

4a + b   1. Schinken. 2. **Sie** sind süß und gesund. Das sind **die** Bananen. 3. **Sie** ist süß und nicht sehr gesund. Das ist **die** Marmelade. 4. Man trinkt **sie** warm oder kalt. Das ist **die** Milch. 5. Man isst **es** hart oder weich. Das ist **das** Ei. 6. Frisch ist **es** lecker, alt ist **es** hart und langweilig. Das ist **das** Brötchen.

5   1. c; 3. e; 4. b; 5. d

6   *eine Scheibe:* Käse, Schinken; *ein Stück:* Käse, Butter; *eine Tasse:* Kaffee, Tee; *eine Flasche:* Bier, Wein, Milch

7a   1. die, der, der Milchkaffee; 2. der, die, die Käsescheibe; 3. der, das, das Honigbrötchen

7b   1d. das Schinkenbrot; 2b. das Käsebrot; 3c. das Butterbrot

7c   das Honigbrötchen, die Teetasse, die Buttermilch, das Butterbrot, das Butterbrötchen, die Weinflasche, die Milchflasche, der Milchkaffee, die Brotscheibe, die Schinkenscheibe, das Schinkenbrot, das Schinkenbrötchen, die Kaffeetasse

8a   1. der Salat; 2. die Milch; 3. das Hähnchen; 4. der Kaffee; 5. das Mineralwasser; 6. die Wurst; 7. der Schinken; 8. die Limonade

8b   *Getränke:* die Milch, der Kaffee, das Mineralwasser, die Limonade; *Speisen:* das Hähnchen, der Salat, die Wurst, der Schinken

9a   1. Esst, mögen; 2. Essen, Mögen, esse; 3. essen, mag, magst, essen

9b   ich mag, du magst, er / sie / es mag, wir mögen, sie / Sie mögen

10   1. c; 2. a; 3. b; 4. a

11a   4, 7, 5, 8, (1), 3, 6, 2

11b   ich habe, du hast, wir haben, ihr habt

12   *Ina:* einen Döner und einen Apfelstrudel; Apfelsaft; 7,20 Euro; *Timo:* eine Currywurst mit Ketschup, einen Apfelstrudel und eine Cola; 6,10 Euro; *Hanna:* isst Pommes frites mit Ketschup und Majonäse und trinkt Apfelsaft (oder: *Hanna:* nimmt Pommes frites mit Ketschup und Majonäse und Apfelsaft); nimmt, Dessert; 4 Euro

13a   1. e; 2. c; 3. b; 4. (a); 5. d

14   1. Vanilleeis; 2. Mineralwasser; 3. Imbissstand; 4. Apfelsaft; 5. Currywurst; 6. Fußball; 7. Computerspiel; 8. Postkarte

15a   einen, ein, einen, kein, keine, eine, eine, ein, ein

4

1a   1. Auto fahren; 2. schlafen; 3. im Internet surfen; 4. sprechen; 5. lesen; 6. küssen; 7. Sport machen; 8. arbeiten; 9. essen; *Lösungswort:* fernsehen

1b   1. a; 2. b; 3. b; 4. a

2   Montag, Dienstag, Donnerstag, Freitag, Samstag, Sonntag

3   Mo (Montag): der Tag, Januar: der Monat, 2018: das Jahr, KW1: die Woche, Samstag und Sonntag: das Wochenende

4a   1. schlafe, schläfst; 2. lese, liest; 3. spreche, sprichst; 4. fahre, fährst

5   1. von, bis, Um, Am; 2. von, bis, am; 3. von, bis, von, bis, Um; 4. von, bis, Um, Am

6   1. Beruf; 2. arbeitet er? 3. am Nachmittag? 4. er frei?

7a   Was machst du abends? Wann hast du frei? Wie viele Stunden arbeitest du? Was bist du von Beruf? Wie lange arbeitest du?

8a 06:05, 06:15

9 1. Mein Mann fährt um 7 Uhr los. 2. Ich stehe um 7.30 Uhr auf. 3. Ich fahre um 10 Uhr los. 4. Der Sportkurs fängt um 10.30 Uhr an. 5. Ich packe die Tasche aus.

10a Wann stehst du auf? Wann fährst du los? Wann fängt der Arbeitstag an?

11 1. b; 2. c; 3. a

12 falsch, falsch, richtig, richtig, falsch, richtig

13 Wollt, wollen, will, willst, will, wollen, Will, will, will

14 1. Meine Freunde wollen am Sonntag ins Theater gehen. Am Sonntag wollen meine Freunde ins Theater gehen. 2. Rita will am Dienstag Deutsch lernen. Am Dienstag will Rita Deutsch lernen. 3. Wir wollen am Donnerstag Sport machen. Am Donnerstag wollen wir Sport machen.

15a Dienstag – essen gehen – Das will er machen; Mittwoch – zum Sport – Das muss er machen; Donnerstag –nichts machen – Das muss er machen; Freitag – mit Carla wegfahren – Das will er machen

16 müssen, muss, musst, muss, muss, Müsst, müssen

17a a. (Viertel) nach vier; b. fünf vor sechs; c. halb sieben; d. zwanzig vor drei

18 1. c, 2. a, 3. a

19 Schon so spät! Der Bus fährt immer pünktlich los, um fünf nach sieben. Ich möchte noch schlafen …

20 a. richtig b. falsch c. richtig d. falsch

PT2

Hören

1 3., 4., 6

2 1. richtig; 2. richtig; 3. falsch; 4. richtig

Lesen

1 1. richtig; 2. falsch; 3. richtig

2 1. a

Schreiben

1 *Sie:* Lieber Herr Kunz; Liebe Frau Wolf; Sehr geehrte Frau Wolf; Sehr geehrter Herr Kunz; Sehr geehrte Damen und Herren; Viele Grüße; Herzliche Grüße; Mit freundlichen Grüßen
du: Hi Tom; Alles Liebe; Bis bald; Liebe Grüße

5

1a die Tochter, die Töchter, der Vater, die Väter, die Schwester, die Schwestern, die Mutter, die Mütter, der Bruder, die Brüder, der Onkel, die Onkel, die Tante, die Tanten

1b 1. die Eltern; 2. die Kinder; 3. die Geschwister

2a 1. Sie ist die Tante von Clara. 2. Er ist der Großvater von Clara. 3. Nein, sie ist Single. 4. Er ist der Freund von Rita. 5. Nein, Toni ist der Bruder von Rita. 6. Sie heißen Inga und Irma. 7. Er ist 5 Jahre alt.

2b 2. e; 3. a; 4. b; 5. d

3 2. ist; 3. sind, ist; 4. bin; 5. ist a. bin b. Habt c. ist d. haben, sind, e. hat, sind
Verbinden: 2.c, 3. d, 4. a, 5. e

4 *positiv:* hübsch, sympathisch, süß, interessant, glücklich; *negativ:* langweilig, unglücklich, hässlich

5a 3, 4

5b Meine, Meine, mein, Mein, Sein, seine, Mein, Meine, Meine, Meine, mein

5c 1. Ihr Vater ist einundvierzig Jahre alt. 2. Ihr Onkel ist verheiratet. 3. Ihre Großeltern reisen viel. 4. Sein Vater arbeitet im Krankenhaus. 5. Sein Onkel heißt Michael. 6. Seine Großeltern heißen Hilde und Klaus.

6a 1. Mein, meine; 2. Ihr; 3. dein; 4. deine, deine, mein, Seine; 5. Euer, eure, unsere

6b *der / das:* mein, dein, euer, ihr / Ihr; *die:* meine, deine, seine, ihre / Ihre; *die (Plural):* meine, deine, unsere, eure

7a 1. a; 2. b; 3. a; 4. b; 5. b; 6. b

7b 1. Seid mutig! 2. Esst auch Salat! 3. Lies ein Buch! 4. Lern die Wörter! 5. Ruf einen Freund an! 6. Sei neugierig!

8a 1. möchten; 2. möchten, können; 3. kann, möchte; 4. Kannst, möchte; 5. möchtest, möchte; 6. Könnt, möchtet

9 1. b; 2.b; 3.b; 4.b

10 ist, war, hatte, habe, hatte, waren, waren, waren, bin, sein

11a 1. b; 2. a; 3. a; 4. a

11b 1. Er will seine Traumfrau heiraten. 2. Ich möchte nie mehr arbeiten. 3. Das Leben kann sehr schön sein.

11c *ich, er / es / sie:* muss, kann, möchte; *du:* willst, musst, kannst, möchtest

12 1. b; 2. b; 3. a; 4. b; 5. b; 6. a

13 schmecken, Geschwister, Schwester, schnell, Schweiz, schlafen, Schlüssel, schwimmen

6

1a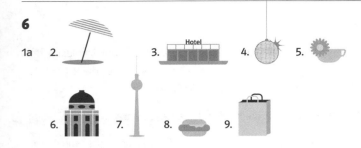
2. 3. 4. 5. 6. 7. 8. 9.

1b genießt die Aussicht auf dem Fernsehturm, macht eine Stadtrundfahrt, geht man shoppen und besucht Museen.

2a 2. in; 3. an; 4. an; 5. auf; 6. in; 7. an; 8. in; 9. auf

2b 1. Paul ist an der Haltestelle. 2. Paul ist auf dem Turm. 3. Paul ist in der Bar. 4. Paul ist im Hotel. 5. Paul ist auf der Straße. 6. Paul ist im Bus.

2c im; auf dem, im, am; im

3a *der:* Bahnhof, Park; *das:* Museum, Hotel; *die:* U-Bahn, Galerie

3b zum, vom, zum, vom, zum, vom, zur, von der, zur, von der, zum, zum

4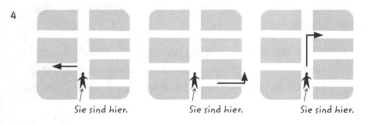
Sie sind hier.   Sie sind hier.   Sie sind hier.

5a 6, 8, 7, (1), 3, 10, 5, 4, 9, 2

5b 2e, 3d, 4b, 5a

6 1. Kaufen Sie ein Ticket! 2. Besichtigen Sie das Museum! 3. Trinken Sie einen Kaffee! 4. Machen Sie eine Stadtrundfahrt!

7 *Daniel:* b, e; *Aurelie:* a, e; *Miriam:* b, d

8a sagen – gesagt, reisen – gereist, holen – geholt, lieben – geliebt, machen – gemacht, arbeiten – gearbeitet, lernen – gelernt, suchen – gesucht, kommen – gekommen

8b gewohnt, gefahren, gesehen

8c bin, habe, bin, habe, habe

10 einen Film, geschlafen, Party

11a J, J, K, K

11b (Jens hat) 3 Jahre in New York gelebt. Er hat vor einem Jahr geheiratet. Er hat als IT-Spezialist gearbeitet. (Karl ist) vor einem Jahr nach Australien gereist und hat eine Frau gesehen.

12a wart, War, Hattet, war, waren, war, warst, hatten, hatte

12b *sein:* ich war, du warst, er / sie / es war, wir waren, ihr wart; *haben:* ich hatte, wir hatten, ihr hattet

---

13a 2010, 2011, 2013, 2014, 2015

15 1. a, c; 2. a, b

PT3

Hören

1a *der Bahnhof:* das Gleis, -e; der Zug, -ü-e; *der Flughafen:* der Fluggast, -ä-e / der Passagier, -e; das Gate, -s; die Halle, -n

1b 1. Flughafen; 2. Bahnhof / S-Bahn-Station; 3. Bahnhof / S-Bahn-Station; 4. Flughafen; 5. Bahnhof / S-Bahn-Station

1c 1. richtig; 2. falsch; 3. richtig; 4. richtig

Lesen

1 b

2 1. falsch; 2. richtig; 3. falsch

Schreiben

1 *Familienname:* Petrov; *Vorname:* Oleg; *Anzahl Kinder (bis 15 Jahre):* 2; nachmittags; *Wie möchten Sie bezahlen:* mit Kreditkarte

1a *zum Beispiel:* Was ist deine Mutter von Beruf? Wie viele Geschwister hast du? Wie heißt deine Schwester? Wo wohnen deine Großeltern? Wohin reist du gern? Was macht ihr am Wochenende? Wann hast du frei?

2a 1. Entschuldigen Sie, wie komme ich zum Bahnhof? 2. Entschuldigung, ich suche den Clara-Schumann-Platz. 3. Wo kann ich Getränke kaufen? 4. Das ist die Kaiserstraße. 5. Gehen Sie zuerst geradeaus, dann links. 6. Das ist ganz einfach, immer geradeaus. 7. In der Waterloostraße ist ein Einkaufszentrum.

2b Wie geht's? He! Mein Name ist … Gute Nacht. Viel Spaß. Bis bald.

7

1a 1. die Muschel; 2. das Gemüse; 3. der Strand

1b 1. Die Muschel passt nicht. Im Wald gibt es Blumen und Bäume, aber es gibt keine Muscheln. 2. Das Gemüse passt nicht. Auf dem Berg gibt es Schnee, aber es gibt kein Gemüse. 3. Der Strand passt nicht. Im Garten gibt es Obst, aber es gibt keinen Stand.

1c *auf dem:* Land; *im:* Restaurant, Garten, Wald, Café; *am:* Meer, Strand; *in der:* Natur, Stadt

2 1. falsch; 2. richtig; 3. richtig; 4. richtig; 5. falsch; 6. richtig; 7. richtig; 8. falsch

3a *Von links nach rechts:* 1. gegessen, 5. gearbeitet, 6. geschlafen, 7. gesungen; *von oben nach unten:* 1. getrunken, 2. gefangen, 3. getanzt, 5. gesehen

3b 1. b; 2. a; 3. b

4a *zum Beispiel:* Wir fahren ans Meer und schwimmen. Wir gehen in die Salsa-Bar und tanzen. Wir gehen ins Kino und sehen einen Film. Wir klettern auf den Berg und genießen die Aussicht. Wir fahren in die Stadt und shoppen. Wir gehen in den Park und joggen. Wir fahren an den See und gehen spazieren.

4b *in / Wohin:* in den Wald, in die Stadt, ins Kino, in den Fluss, ins Museum; *in / Wo:* im Wald, in der Stadt, im Kino, im Fluss, im Museum; *an / Wohin:* ans Kino, an den Strand, an den Fluss, ans Meer, ans Museum, an die Straße; *an / Wo:* am Kino, am Strand, am Fluss, am Meer, am Museum, an der Straße; *auf / Wohin:* auf den Berg, auf den Fluss, aufs Meer, auf die Straße; *auf / Wo:* auf dem Berg, auf dem Fluss, auf dem Meer, auf der Straße

5a 1D, 2F, 3I, 4H, 5C, 6B, 7A, 8G

5b 1. Es ist warm. 2. Es regnet. 3. Es ist kalt. 4. Es ist Herbst.

6a 1. c; 2. b; 3. b

6b A. kann, muss; B: Können, kann, muss; C. Könnt, muss

7 1. a; 2. b; 3. b; 4.b

8a 1. a; 2. b

8b 1. b; 2. a; 3. b

9a hattest, habe, geholt, haben, gefrühstückt, sind, gegangen, war, hat, trainiert, sind, gegangen, haben, gehört, haben, getanzt, war, habt, gemacht

10 sch, sch, ch, sch, ch, sch, ch, sch, ch, sch, ch

11 1. richtig; 2. falsch; 3. falsch; 4. falsch; 5. richtig

8

1a a. 734; b. 2030; c. 545; d. 4921; e. 291

1b b. 717; c. 771; d. 117; e. 536; f. 1563; g. 234; h. 443

2a Westen, Süden, Osten

2b 1. Im Westen. 2. Im Osten. 3. Im Westen. 4. Im Norden. 5. Im Süden.

2d 1. nicht so günstig, viel; 2. billig, wenig

3a *auf:* einem Hausboot, einem Bauernhof, einer Insel; *in:* einer Wohngemeinschaft, einem Baumhaus

3b 1. richtig; 2. falsch; 3. richtig; 4 falsch

3c 1. richtig; 2. richtig; 3. falsch; 4. falsch

5a 1. bei, Mit, mit, in; 2. mit, in, in, bei, in

5b 1. ihrer, ihrer; 2. seiner, seinen, seinen; 3. unseren, unserer, unseren; 4. eurem, eurem, eurer

6a 1. der Tisch; 2. das Sofa; 3. das Bett; 4. das Kissen; 5. der Schreibtisch; 7. die Lampe; 8. der Stuhl; 9. der Fernseher

6b 1. der Esstisch; 2. das Schlafzimmer; 3. das Wohnzimmer; 4. das Badezimmer; 5. das Esszimmer

6c *Im Wohnzimmer:* das Sofa; *im Schlafzimmer:* das Bett, die Bettdecke; *im Arbeitszimmer:* der Schreibtisch, der Laptop; *in der Küche:* der Kühlschrank; *im Badezimmer:* die Badewanne, die Dusche, die Toilette

6d zwei Tische, zwei Sofas, vier Stühle, drei Lampen, ein Fernseher

8a 1. Mein, schwarz, groß, ihn, sehe, ihn (Lösung: Fernseher); 2. Nacht, sie, Sommer, Winter, warm (Lösung: Decke); 3. klein, es, suche, es (Lösung: Handy)

8b 1. sie; 2. ihn; 3. sie; 4. es

9a 2. e; 3. d; 4. a; 5. f; 6. b

9b dich, ihn, sie, es, uns, euch

9c 1. dich; 2. sie; 3. euch; 4. ihn

9d 1. das Telefon, es; 2. den Laptop, ihn; 3. die Tasche, sie; 4. die Leute, sie

10 a. neunundneunzig; b. einhundert; c. einhundertneunundneunzig; d. achthundertsechsundsiebzig; e. einhunderteins; f. (ein) tausendvierhundertsiebzehn

11 Aichhorn; Stefan; 21; Österreich; Student; Tennis, Krimis lesen; Zeughausstraße 3; 64283 Darmstadt; 0171/4989800

12 1. a; 2. b; 3. a; 4. a

PT4

Hören

1 1. c; 2. b; 3. c; 4. b; 5. c; 6. c

Lesen

1 1. falsch; 2. richtig; 3. falsch; 4. richtig

2 1. a; 2. b

3 1. falsch; 2. richtig

Schreiben

1 *Postleitzahl:* 53115; *Wohnort:* Bonn; *Geschlecht:* weiblich; *Alter:* 24; *Familienstand:* verheiratet

Sprechen

1c 2. c; 3. e; 4. a; 5. b

2a 1. das Radio – b; 2. Fußball spielen – d; 3. Bad - a; 4. Pflanzen – c

9

1a 1. der Laptop, der Computer; 2. das Mobiltelefon, das Smartphone; 3. die Zahnbürste; 4. das Werkzeug; 5. der Kühlschrank; 6. die Waschmaschine; 7. die Unterwäsche; 8. das Auto

1b die Arbeit, das Wissen, die Idee, die Erfahrung, die Musik

2 2. viele; 3. wenige; 4. fast niemand; 5. niemand

3 1. Oli und Mehmet; 2. Alex; 3. Paul; 4. Vera; 5. Sven und Sarah

4a 1. seinen, seine; 2. ihr, ihren, ihre; 3. ihre, ihren, ihre; 4. deine, deinen, dein; 5. unser, unsere, unseren; 6. eure, euer, eure

5a 4, (1), 5, 6, 2, 3

6 1. mein Auto, Ihr Auto, mein; 2. deine Zeitung, meine Zeitung; 3. eure Schuhe, unsere Schuhe, Schuhe, unseren; 4. mein Laptop, meinen Laptop

7 (Er hat einen) Anzug, ein Hemd, eine Krawatte, Socken, Schuhe und einen Mantel.
(Sie hat) einen Rock, eine Bluse, eine Jacke, Strümpfe, und Schuhe.

8 hässlich, schick, langweilig, cool, elegant, kurz, altmodisch, lang, modern, modisch, weit

9a das grüne Kleid, die Laufschuhe, die Sonnenbrille

9b Mir, dir, mir, dir

9c Gefällt, gefallen, gefallen

10a 1. dir; 2. mir, deinen, dir, meinen; 3. mir, deine, dir, meine

11a 1. (Die Frau gibt) dem Kind das Eis. 2. Der Hund gibt dem Mann den Tennisball. 3. Der Mann gibt der Frau die Blumen. 4. Das Kind gibt dem Hund die Wurst.

11b 1. (Ich schenke) dem Kind den Fußball. 2. (Meine Eltern zeigen) der Großmutter die Fotos. 3. (Meine Freundin schenkt) dem Hund die Wurst. 4. (Die Nachbarin gibt) dem Mann die Weinflasche.

11c 1. Die Frau schenkt dem Freund das Auto. 2. Der Freund schenkt der Frau das Fahrrad und die Wurstbrote. 3. Das Kind schenkt der Frau die Schuhe. 4. Die Frau schenkt den Hunden die Wurstbrote. 5. Die Studentin schenkt der Frau den Fotoapparat.

12a 1. Stuhl; 2. Jahre; 3. Wohnzimmer; 4. Uhr; 5. Wohnung; 6. Fernseher

12b Wohnung, Wohnzimmer, Stuhl, Uhr, Jahre, Fernseher

13a A 1, B 3, C 2

13b *zum Beispiel:* Mama morgen Milch und Brötchen bringen

13c *zum Beispiel:* Papa hat am Samstag Geburtstag. Hast du schon ein Geschenk für ihn? Du kannst ihm einen Schal kaufen, er braucht einen.

10

1a 1. richtig; 2. falsch; 3. falsch; 4. richtig

1b 1. Kurs; 2. Gast; 3. günstig; 4. Politiker

2a 2. b; 3. e; 4. c; 5. a

2b 1. b; 2. a; 3. b; 4. b

2c 2. 2012; 3. 1968; 4. 1981; 5. 2002; 6. 2022

4a *positiv:* fantastisch, schön, wunderbar, kreativ, toll; *negativ:* langweilig, hässlich, furchtbar; *positiv oder negativ:* komisch, verrückt

4b 1. langweilig; 2. hässlich; 3. furchtbar

4c 1. interessant; 2. schön; 3. wunderbar, fantastisch

5a 2. d; 3. a; 4. e; 5. c

6a + b

Januar	Februar	März	April	Mai	Juni
		25. Mama	3. Nora	1. Lea	

Juli	August	September	Oktober	November	Dezember
30. Sven	7. Tom			19. Papa	

6d 2. a; 3. d; 4. c

8a A: 1. richtig, 2. richtig, 3. falsch; B: 1. richtig, 2. falsch, 3. falsch

8b 1. b; 2. a; 3. a; 4. a

9 2.

10 *zum Beispiel:* Sie bieten viele Speisen an. Ich gebe die Daten ein. Wir tauschen Rezepte aus. Er bringt Geschenke mit. Sie sieht gut aus. Er kommt um 18.00 Uhr an. Du lernst viele Menschen kennen.

11 erzählt, gefällt, vergesse, genieße, bekommen

12 1. Nein danke, ich trinke keinen Alkohol. 2. Nein, ich habe gerade zu Mittag gegessen. 3. Danke, aber ich habe schon so viel gegessen! 4. Ja, sehr gut, danke.

13a 1. richtig; 2. richtig; 3. falsch

13b guten Tag, Danke, Schön, Danke, Spaß, anbieten, Wein, trinke, Apfelsaft, sehr gern, Prost

14 1. Das Essen war super, denn Jonas kocht gern und gut. 2. Die Nachbarn waren sauer, denn die Musik war zu laut. 3. Wir sind mit dem Taxi nach Hause gefahren, denn es hat geregnet. 4. Wir sind müde, denn es war schon spät.

15   1. Alles Liebe! 2. Herzlichen Glückwunsch! 3. Danke für alles! 4. Guten Appetit! 5. Prost!

16a   für die Einladung, das Essen, zwei Wochen, Geburtstag, Viele Grüße

PT5

Hören

1   1. c; 2. a; 3. c; 4. b; 5. c

Lesen

1   1. richtig; 2. falsch; 3. falsch; 4. falsch; 5. richtig

Schreiben

1a   *Passt nicht:* Mit freundlichen Grüßen; Bitte bringt Geschenke mit! Warum kommt ihr nicht? Kommt ihr am Samstag oder am Mittwoch? Vielen Dank für die Einladung. Ich komme gern.

Sprechen

1a   *zum Beispiel:* Gehst du mit mir einen Kaffee trinken? Kannst du bitte Brot und Milch kaufen? Hast du einen Stift? Entschuldigung, aber ich muss das jetzt lesen, ich habe morgen eine Prüfung. Bitte räum dein Zimmer auf.

Modelltest

Hören, Teil 1

   1. b; 2. a; 3. b; 4. a; 5. c; 6. b

Hören, Teil 2

   7. richtig; 8. falsch; 9. richtig; 10. falsch

Hören, Teil 3

   11. c; 12. a; 13. c; 14. b; 15. b

Lesen, Teil 1

   1. falsch; 2. richtig; 3. richtig; 4. richtig; 5. falsch

Lesen, Teil 2

   6. b; 7. a; 8. a; 9. b; 10b

Lesen, Teil 3

   11. richtig; 12. falsch; 13. falsch; 14. richtig; 15. falsch

Schreiben, Teil 1

   1. Thomasz; 2. 15.12.1982; 3. Englischkurs; 4. Anfänger; 5. Abend

Hören  *Track 50*

Es gibt drei Teile. Sie hören kurze Gespräche und Ansagen. Zu jedem Text gibt es eine Aufgabe.
Lesen Sie zuerst die Aufgabe, hören Sie dann den Text dazu.
Kreuzen Sie die richtige Lösung an.

Hören, Teil 1

Was ist richtig? Kreuzen Sie an: a **,** b **oder** c **. Sie hören jeden Text zweimal.**

Beispiel

0 Wann ist Ihr Termin beim Zahnarzt?

7.5.	5.7.	17.5.

a am 7.5.　　　　　　　ⓧ am 5.7.　　　　　　　c am 17.5.

1 Was bestellt die Frau?

a Tee　　　　　　　ⓧ Mineralwasser　　　　　　　c Kaffee

Die Frau möchte Tee, aber es gibt keinen Tee.
Sie mag keinen Kaffee und sie bestellt ein Mineralwasser.

2 Wann ist Luigi in München?

ⓧ um 12.30 Uhr　　　　　b um 13.30 Uhr　　　　　c um 11.30 Uhr

Luigi sagt: "um halb eins", das ist 12.30 Uhr.

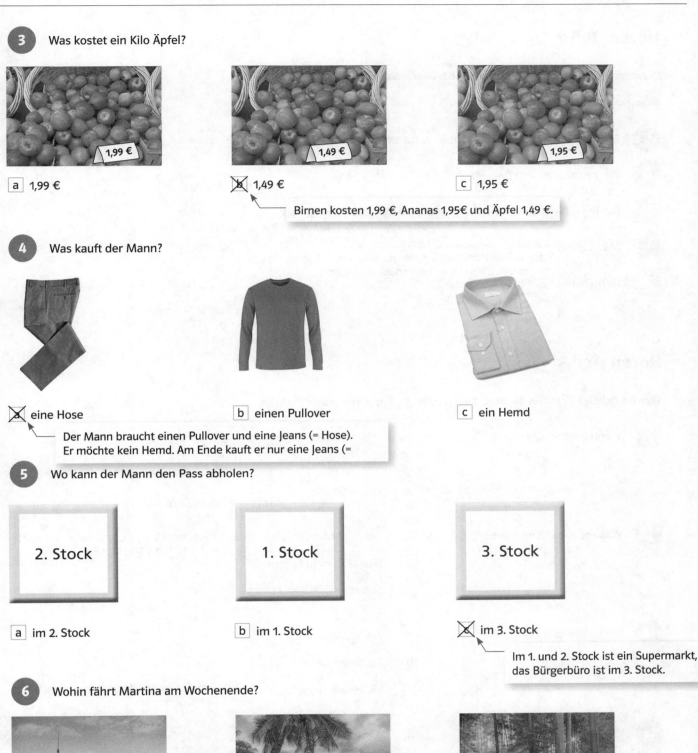

3 Was kostet ein Kilo Äpfel?

a 1,99 €

b 1,49 € ☒

c 1,95 €

Birnen kosten 1,99 €, Ananas 1,95€ und Äpfel 1,49 €.

4 Was kauft der Mann?

☒ eine Hose

b einen Pullover

c ein Hemd

Der Mann braucht einen Pullover und eine Jeans (= Hose).
Er möchte kein Hemd. Am Ende kauft er nur eine Jeans (=

5 Wo kann der Mann den Pass abholen?

2. Stock

1. Stock

3. Stock

a im 2. Stock

b im 1. Stock

☒ im 3. Stock

Im 1. und 2. Stock ist ein Supermarkt,
das Bürgerbüro ist im 3. Stock.

6 Wohin fährt Martina am Wochenende?

a nach Berlin

☒ ans Meer

c in den Schwarzwald

Martina war beruflich in Berlin. Martinas Eltern
wohnen im Schwarzwald. aber Martina fliegt am
Wochenende nach Mallorca an den Strand und
geht schwimmen (= Sie fährt ans Meer).

Hören, Teil 2

Kreuzen Sie an: richtig oder falsch. Sie hören jeden Text einmal.

Beispiel

0 Die Reisenden sollen um 14 Uhr am Bus sein. ☒ richtig ☐ falsch

7 Die Reisenden nach Dresden sollen zu Gleis 11 gehen. ☒ richtig ☐ falsch
Der Zug nach Dresden fährt nicht von Gleis 7, er fährt von Gleis 11.

8 Die Besucher sollen Jacken und Taschen am Eingang abgeben. ☐ richtig ☒ falsch
Jacken und Taschen kann man ins Museum mitnehmen.

9 Man kann das Portmonee an der Information abholen. ☒ richtig ☐ falsch
Man hat das Portmonee in der Herrenabteilung gefunden, aber abholen kann man es an der Information.

10 Herr Tran soll zu Gate 77 kommen. ☐ richtig ☒ falsch
Herr Tran soll zu Gate 54 kommen (die Flugnummer ist LH 77).

Hören, Teil 3

Was ist richtig? Kreuzen Sie an: a **,** b **oder** c **. Sie hören jeden Text zweimal.**

11 Wann beginnt die Feier?
a Um 13:00 Uhr.
b Um 14:00 Uhr.
☒ Um 14:30 Uhr.
Die Feier beginnt nicht um zwei, sondern erst um halb drei.

12 Was soll Herr Kluth machen?
☒ Die Nachbarin anrufen. Frau Schäfer ist die Nachbarin von Herrn Kluth. Sie sagt: "Bitte rufen Sie mich kurz an."
b Eine Nachricht schreiben.
c Sofort nach Hause kommen.

13 Wo treffen sich die Männer?
a Am Stadion.
b Bei Sascha.
☒ Vor dem S-Bahnhof. Das Training ist im Stadion. Sascha will sich vor dem S-Bahnhof treffen.

14 Was soll Karin machen?
a Die Freundin anrufen.
☒ Eine Nachricht schreiben. Karin soll Michaela eine WhatsApp-Nachricht schreiben.
c Später kommen.

15 Wann kommt Herr Rudolph?
a Um 8:15 Uhr.
☒ Um 8:45 Uhr. Herr Rudolph kommt um Viertel vor neun (= 8.45 Uhr).
c Um 9:15 Uhr.

Lesen

Es gibt drei Teile. Sie lesen kurze Briefe, Anzeigen etc.
Zu jedem Text gibt es Aufgaben. Kreuzen Sie die richtige Lösung an.

Lesen, Teil 1

Lesen Sie die beiden Texte und die Aufgaben 1 bis 5. Kreuzen Sie an: richtig oder falsch.

Beispiel

0 Janina und Zahra treffen sich morgen im Café. ☐ richtig ☒ falsch

---

Hallo Zahra,

ich komme morgen um 15.00 Uhr zu dir. Ich bringe zwei Stücke Kuchen mit, ok?
Ich trinke im Moment übrigens keinen Kaffee, hast du auch Tee? Sag mir doch kurz
Bescheid. Ich freue mich schon!

Viele Grüße
Janina

---

1 Zahra soll Kuchen kaufen. ☐ richtig ☒ falsch

2 Janina möchte Tee trinken. ☒ richtig ☐ falsch

Hallo Ingolf,

vielen Dank für deine Einladung. Ich komme gern zu deiner Geburtstagsparty. Du
hast geschrieben, dass du kochen möchtest – das finde ich toll! Dein Essen ist immer
total lecker! Aber soll ich etwas zu trinken mitbringen? Oder Musik? Ich habe viele
gute CDs, dann können wir auch ein bisschen tanzen. Schreib mir einfach kurz oder
ruf mich an!

Bis bald
Chris

---

3 Ingolf feiert seinen Geburtstag. ☒ richtig ☐ falsch

4 Chris mag das Essen von Ingolf. ☒ richtig ☐ falsch

5 Chris tanzt nicht so gern. ☐ richtig ☒ falsch

Lesen, Teil 2

Lesen Sie die Texte und die Aufgaben. Wo finden Sie Informationen? Kreuzen Sie an: a oder b .

Beispiel

0 Sie wollen in Deutschland arbeiten. Wo finden Sie informationen?

> **www.hansens.de**
> Jobs für Köche, Kellner und Reinigungskräfte

> **www.und-weg.de**
> Hotels und Rundreisen – zu günstigen Preisen

☒ www.hansens.de

b www.und-weg.de

6 Sie kochen gern. Wo finden Sie Informationen?

> **www.lecker-essen.de**
> Sie mögen gutes Essen? Alle Restaurants in Ihrer Stadt finden Sie >> hier.

> **www.alles-neu.de**
> Sie möchten zu Hause etwas Neues kochen? Bei uns finden Sie mehr als 1000 tolle Rezepte!

a www.lecker-essen.de

☒ www.alles-neu.de

7 Sie suchen einen Job. Welche Anzeige passt?

> **www.workspace.eu**
> *Wir suchen Mitarbeiter/innen (z. B. Service, Büro, Bau). Rufen Sie an!*

> **www.kurs-info.de**
> Sie möchten weiter lernen? Wir informieren Sie über Kurse und Schulungen (Sprachen, IT etc.)

☒ www.workspace.eu

b www.kurs-info.de

8 Sie wollen ein Fahrrad kaufen. Wo finden Sie ein Fahrrad?

> **www.drahtesel.eu**
> Für Klein und Groß das passende Fahrrad – wir haben super Angebote.

> **www.radtouren.eu**
> Sie fahren gern Rad? Fahren Sie mit uns durch Süddeutschland und die Schweiz.

☒ www.drahtesel.eu

b www.radtouren.eu

9 Sie möchten tanzen gehen. Welche Anzeige passt?

> **www.gruenewald.eu**
> *Feiern Sie bei uns! Gutbürgerliche Küche, große Auswahl an Kuchen. Termine für Familienfeiern frei, rufen Sie uns an!*

> **www.cafe-holle.eu**
> Nicht nur Kaffee & Kuchen: Bei uns können Sie jeden Abend Livemusik hören und tanzen. Kommen Sie vorbei!

a www.gruenewald.eu

☒ www.cafe-holle.eu

10 Sie brauchen ein Buch für den Deutschkurs. Wo finden Sie das?

> **www.sprachen-lernen.eu**
> Deutsch, Englisch und viele andere Sprachen – einfach und schnell in unseren Kursen lernen.

> **www.muellers-online.eu**
> Mit einem Klick alle Bücher kaufen: Sachbücher, Romane, Bücher für den Unterricht versandkostenfrei.

a www.sprachen-lernen.eu

☒ www.muellers-online.eu

Lesen, Teil 3

Lesen Sie die Texte und die Aufgaben. Kreuzen Sie an: richtig oder falsch.

Beispiel

0 An der Bank.

> ### Neue Öffnungszeiten:
> ## Mo-Fr 9-12 Uhr und 13-18 Uhr

Es ist Mittwochmittag, kurz nach halb zwölf. Sie können in die Bank. ⊠ richtig ☐ falsch

11 Am Schwarzen Brett im Supermarkt.

> **ZU VERKAUFEN:**
> Küchentisch und 2 Stühle
> Preis: 80,00 Euro

Jemand verkauft einen Küchentisch und 2 Stühle (= Möbel).

Sie können Möbel kaufen. ⊠ richtig ☐ falsch

12 An der Bushaltestelle.

> ## Information:
> Buslinie 245 fährt nicht vom 24.5. bis 1.6.!

Die 245 fährt am 30.5. nicht.

Es ist der 30. Mai. Sie können mit dem Bus 245 fahren. ☐ richtig ⊠ falsch

13 In der Sprachschule.

> Unsere neuen Französischkurse beginnen am 1. September.
> Anmeldungen bis 20. August!

Die Kurse beginnen erst am 1.9.
Bis zum 20.8. muss man sich anmelden.

Sie können ab dem 20.8. Französisch lernen. ☐ richtig ⊠ falsch

14 Beim Sportverein.

> Wichtige Information: Wir treffen uns zum Sport ab sofort in der Turnhalle in der Heinestraße 5!

ab sofort = jetzt und später auch

Sie gehen zum Sport in die Heinestr. 5. ⊠ richtig ☐ falsch

15 Beim Arzt.

> **Unsere Praxis ist vom 2.7. bis 17.7. geschlossen.**
> Der nächste Arzt ist in der Hansaallee 1.

Die Praxis ist am 1.7. noch geöffnet.

Es ist der 1. Juli. Sie müssen zum Arzt in der Hansaallee 1. ☐ richtig ⊠ falsch

Schreiben

Es gibt zwei Teile. Sie füllen ein Formular aus und schreiben einen kurzen Text.

Schreiben, Teil 1

Ihr Bekannter Thomasz Kopanski (geboren am 15.12.1982) möchte einen Englischkurs machen.
Er ist Anfänger und hat nur am Abend Zeit.

Schreiben Sie die fünf fehlenden Informationen in das Formular. Am Ende übertragen Sie Ihre
Lösungen bitte auf den Antwortbogen.

Anmeldung

Nachname:	Kopanski	**0**
Vorname:	Thomasz	**1**
Geburtsdatum:	15.12.1982	**2**
Anmeldung für …	Englischkurs	**3**
Ihr Niveau	☒ Anfänger/in ☐ Fortgeschrittene/r	**4**
gewünschte Kurszeit	☐ Vormittag ☐ Nachmittag ☒ Abend	**5**

Schreiben, Teil 2

Sie möchten mit einem Freund / einer Freundin Deutsch lernen. Schreiben Sie ihm / ihr eine kurze E-Mail.

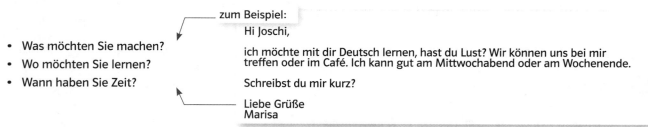

- Was möchten Sie machen?
- Wo möchten Sie lernen?
- Wann haben Sie Zeit?

zum Beispiel:

Hi Joschi,

ich möchte mit dir Deutsch lernen, hast du Lust? Wir können uns bei mir treffen oder im Café. Ich kann gut am Mittwochabend oder am Wochenende.

Schreibst du mir kurz?

Liebe Grüße
Marisa

Schreiben Sie zu jedem Punkt ein bis zwei Sätze (ca. 30 Wörter) auf den Antwortbogen.
Vergessen Sie nicht den passenden Anfang und den Gruß am Schluss.

Lektion 01

Track 1 Seite 4, 3a

1

Paula: Hallo. Wie heißt du?

Max: Ich heiße Max. Und du?

Paula: Ich bin Paula.

Max: Ich komme aus Berlin, und du?

Paula: Ich komme aus Hamburg.

2

Hans Müller: Guten Tag. Mein Name ist Müller. Hans Müller.

Lisa Maier: Guten Tag, Herr Müller. Ich bin Lisa Maier.

Hans Müller: Ich komme aus Köln. Und Sie?

Lisa Maier: Aus Wien.

Hans Müller: Ah, Sie kommen aus Wien!

Track 2 Seite 5, 4

Jonas: Hallo. Ich bin Jonas. Ich komme aus Berlin.

Philip: Guten Tag. Ich heiße Philip. Philip Meier. Ich komme aus Köln.

Kento: Guten Tag. Ich heiße Kento. Kento Sato. Ich komme aus Österreich, aus Graz.

Hanna: Hallo. Ich heiße Hanna. Ich komme aus Hamburg.

Track 3 Seite 5, 5a

Paul: Hallo. Ich heiße Paul Simon.

Kento: Hallo Simon.

Paul: Nein, nein. Paul ist mein Vorname. Simon ist mein Nachname.

Kento: Ah, Paul. Mein Vorname ist Kento. Mein Nachname ist Sato. Ich komme aus Graz. Und du?

Paul: Ich komme aus Bern.

Track 4 Seite 5, 6b

1: Hallo, ich bin Jonas. Ich mag Musik.

2: Ich heiße Ina und ich mag Fußball.

3: Mein Name ist Kento Sato. Ich mag Tee.

4: Ich bin Philipp Meier und ich mag Kino.

5: Ich heiße Paul, Paul Simon. Ich mag Regen!

6: Mein Name ist Hanna Rogge und ich mag Schokolade. Ich liebe Schokolade!

Track 5 Seite 7, 9a

der Stift

das Handy

der Schlüssel

die Schokolade

die Flasche

das Portmonee

die Brille

das Foto

die Zeitung

der Spiegel

das Heft

Track 6 Seite 7, 10b

0: die Vornamen und die Nachnamen

1: die Taschentücher und die Schlüssel

2: die Männer und die Frauen

3: die Zahnbürsten und die Spiegel

4: die Telefone und die Handys

5: die Theater und die Kinos

Track 7 Seite 8, 12a

1: P

2: I

3: Ü

4: M

5: D

6: ß

Track 8 Seite 8, 12b

1: F-U-ß-B-A-L-L

2: Ö-S-T-E-R-R-E-I-C-H

3: S-C-H-W-E-I-Z

4: Z-A-H-N-B-Ü-R-S-T-E

5: L-I-P-P-E-N-S-T-I-F-T

6: S-O-N-N-E-N-B-R-I-L-L-E

Track 9 Seite 8, 13b

das Foto

der Kaffee

die Musik

die Schokolade

der Sport

der Tee

das Telefon

das Theater

die Zigarette

Track 10 Seite 9, 14b

1

A: Guten Tag. Wie heißen Sie?

B: Ich heiße Schmidt.

A: Wie schreibt man das? Mit „tt" oder mit „dt"?

B: Mit „dt".

A: Danke schön!

B: Bitte schön.

2

A: Wie heißen Sie, bitte?

B: Ich bin Tom Meyer. Meyer mit „ey".

A: Danke.

B: Bitte.

3

A: Hallo!

B, C: Hallo! Wir sind Max und Moritz.

A: Und wie ist der Nachname?

B: Meißler.

A: Wie bitte? Noch einmal bitte.

C: Meißler. M-E-I-ß-L-E-R.

A: Danke schön.

B, C: Bitte schön.

4

A: Hallo, Paul. Wie ist dein Nachname?

B: Ich heiße Czaikovsky.

A: Tsch … Wie bitte? Wie schreibt man das?

B: C-Z-A-I-K-O-V-S-K-Y.

A: Czaiko … Noch einmal bitte.

B: C-Z-A-I-K-O-V-S-K-Y.

A: Danke!

B: Bitte.

Track 11   Seite 9, 14c

A: Wie heißen Sie?

B: Ich heiße Nalpathamkalam.

A: Wie bitte? Noch einmal bitte.

B: Nalpathamkalam.

A: Wie schreibt man das?

B: Das schreibt man so: N-A-L-P-A-T-H-A-M-K-A-L-A-M.

A: Ist das der Nachname?

B: Ja, mein Vorname ist Roy.

A: Danke schön.

B: Bitte schön.

Lektion 02

Track 12   Seite 10, 1a

1: shoppen gehen

2: ins Restaurant gehen

3: Sport machen

4: Musik hören

5: schwimmen

6: ins Kino gehen

7: fotografieren

8: spazieren gehen

9: tanzen gehen

Track 13   Seite 11, 2a

A

Hanna:	Hallo, Mia. Hallo Franz.
Mia:	Hallo, Hanna. Hallo Ken. Wie geht's?
Hanna:	Danke, gut. Was macht ihr heute Abend?

Mia:	Nichts, wir bleiben zu Hause … Und ihr?
Hanna, Ken:	Wir gehen ins Kino.
Mia, Franz:	Viel Spaß!

B

Herr Maier:	Guten Tag, Frau Berger. Guten Tag, Herr Berger.
Frau Berger:	Guten Tag, Herr Maier, Frau Maier.
Herr Maier:	Gehen Sie auch ins Theaterrestaurant?
Frau Berger:	Nein, wir gehen ins Theater, in „Romeo und Julia".
Herr Maier:	Oh, „Romeo und Julia".
Herr Maier, Frau Maier:	Schön.
Frau Maier:	Viel Spaß!

Track 14   Seite 14, 8

1

Schokolade, heute nur 99 Cent die Tafel.

2

A: Oh, die Uhr ist schön!

B: Hm, die ist teuer … 95 Franken!

3

Bier, heute nur 1 Euro, 8 Cent die Flasche.

Track 15   Seite 16, zur Prüf. 1, Bsp.

0

Frau Schneider:	Guten Tag, Herr Maier. Willkommen in Berlin.
Herr Maier:	Grüß Gott, Frau Schneider.
Frau Schneider:	Sie kommen aus Österreich, oder?
Herr Maier:	Ja, ich komme aus Wien, aber jetzt wohne ich in Bern.
Frau Schneider:	Das ist mein Kollege, Herr Lange.
Herr Maier:	Grüß Gott, Herr Lange.

Track 16   Seite 16, zur Prüf. 1, Auf.

1

Jonas:	Hallo, Maria.
Maria:	Hallo, Jonas.
Jonas:	Was isst du denn da? Schon wieder Schokolade?
Maria:	Ja. Ich liebe Schokolade und natürlich auch Chips. Und du?
Jonas:	Ich mag keine Schokolade, keine Chips und …
Maria:	Aha … Und was magst du?
Jonas:	Ich mag Gummibärchen.

2

A: Guten Tag.

B: Guten Tag.

A: Was kann ich für Sie tun?

B: Was kostet denn die Tasche?

A: 93 Euro.

B: Hier steht aber 39 Euro 90.

A: Oh, der Preis hier ist falsch. Sie kostet 93 Euro 90.

3

A: Also meine Hobbys sind: Schwimmen, Tennis und Musik hören. Und was machst du gern, Paul? Spielst du gern Fußball?

B: Nein, ich mache nicht so gern Sport.

A: Hörst du gern Musik?

B: Nein, nicht so gerne.

A: Aha … Und was ist dann dein Hobby?

B: Ich fotografiere gern.

4

Anne: Hallo?

Tina: Hi Anne, hier ist Tina. Hast du heute Abend Zeit?

Anne: Ja.

Tina: Wollen wir etwas zusammen machen?

Anne: Sehr gern. Aber bitte nicht ins Theater!

Tina: Okay, okay. Nicht ins Theater! Ins Kino?

Anne: Kino, ja, hm … Oder wollen wir tanzen gehen?

Tina: Also, ich gehe gerne ins Kino und tanze auch gerne.

Anne: Dann gehen wir doch in den Samba-Club tanzen.

Lektion 03

Track 17 Seite 20, 1

1

A: Guten Morgen.

B: Guten Morgen.

A: Was darf es sein?

B: Eine Brezel, bitte.

A: Gern.

B: Was kostet die?

A: 80 Cent.

B: Bitte sehr.

A: Danke. Auf Wiedersehen.

B: Auf Wiedersehen.

2

A: Guten Tag.

B: Guten Tag.

A: Drei Brötchen, bitte.

B: Die Vollkornbrötchen sind ganz frisch.

A: Gut. Dann drei Vollkornbrötchen. Was kosten die?

B: 2 Euro 10.

A: Bitte sehr.

B: Danke. Auf Wiedersehen.

A: Auf Wiedersehen.

Track 18 Seite 23, 10

1

A: Hallo Mia, was isst du heute? Ich nehme eine Bratwurst.

B: Hm, Bratwurst mit Senf ist lecker. Aber ich mag auch gern Hamburger mit Pommes frites.

C: Was darf es sein?

A: Eine Bratwurst mit Senf, bitte.

2

A: Ich bestelle Pommes frites und eine Cola. Und du?

B: Ich mag keine Cola. Ich trinke einen Apfelsaft und esse auch Pommes frites.

3

A: Was darf es sein?

B: Haben Sie Pommes frites?

A: Ja.

B: Gut, dann nehme ich Pommes frites mit Ketschup. Und du?

C: Ich esse eine Pizza.

A: Einmal Pommes frites mit Ketschup und eine Pizza?

B: Ach – nein, ich esse auch eine Pizza. Zweimal Pizza, bitte!

4

A: Guten Morgen, Frau Kurz. Nehmen Sie auch einen Tee?

B: Nein, danke. Heute trinke ich keinen Tee. Ich nehme einen Kaffee mit Milch.

Track 19 Seite 24, 11a

A: Hast du Durst? Was trinkst du?

B: Habt ihr Apfelsaft?

A: Nein. Wir haben Cola, Bier …

B: Oh nein, kein Bier! Habt ihr Mineralwasser?

A: Ja.

B: Dann nehme ich ein Mineralwasser.

A: Gut. Hast du auch Hunger? Wir haben Käse, Wurst und Brot.

B: Nein danke, ich habe keinen Hunger.

Lektion 04

Track 20 Seite 26, 1b

A: Liebe Hörerinnen und Hörer. 80 Jahre Deutschland. Was heißt das? Was macht eine Deutsche, ein Deutscher in 80 Jahren? Hier die Ergebnisse einer Umfrage:

B: Die Deutschen schlafen 24 Jahre und 5 Monate. Sie sehen 12 Jahre und 3 Monate fern, aber sie arbeiten nur 7 Jahre. Die Deutschen machen 1 Jahr und 7 Monate Sport, und sie lesen 1 Jahr und 3 Monate Bücher. Sie fahren 2 Jahre Auto. Und sie surfen 4 Jahre und 3 Monate im Internet. Sie sprechen 2 Jahre und 10 Monate mit Menschen. Sie essen 5 Jahre.

A: Aha, und wie lange küssen die Deutschen?

B: 2 Wochen.

A: Aha.

Track 21 Seite 28, 8a

Es ist sechs Uhr. Es ist sechs Uhr fünf. Es ist sechs Uhr zehn. Es ist sechs Uhr fünfzehn. Aufstehen!

Track 22 Seite 29, 11

1

A: Herr Kraus, Sie können am Montag anfangen.

B: Wunderbar. Wann fängt die Arbeit denn an?

A: Um 7.30 Uhr.

B: Danke.

2

A: Sie haben natürlich auch Mittagspause.

B: Sehr schön. Wann denn?

A: Von 12.00 bis 12.30 Uhr.

3

B: Und wann ist Schluss?

A: Um 16.00 Uhr.

B: Danke.

Track 23 Seite 30, 15a

A: Hallo Jens, hast du Zeit? Ich will mit dir ins Kino gehen.

B: Mal sehen, Moment … Also am Montag muss ich arbeiten.

A: Ach so. Und am Dienstag? Hast du am Dienstag Zeit?

B: Am Dienstag? Nein, leider, am Dienstag wollen meine Frau und ich essen gehen.

A: Klar. Und am Mittwoch?

B: Am Mittwoch geht es auch nicht. Am Mittwoch muss ich zum Sport. Aber am Donnerstag. Am Donnerstag muss ich nichts machen. Da habe ich Zeit.

A: Am Donnerstag geht es nicht, leider.

B: Ja dann … Am Freitag wollen Carla und ich wegfahren. Nach Paris.

A: Na ja, dann viel Spaß. Hast du am Montag in vier Wochen Zeit?

Track 24 Seite 31, 18

1

A: Ich habe Hunger.

B: Ich auch. Zum Glück ist bald Mittagspause.

A: Wie viel Uhr ist es denn?

B: Gleich 12.

2

A: Schnell, wir kommen zu spät. Der Film fängt gleich an.

B: Kein Stress! Es ist Viertel vor 8. Wir haben noch 15 Minuten Zeit!

3

A: Wann kommt der Bus?

B: Sind wir zu spät?

A: Nein, jetzt ist es 9 Uhr dreiunddreißig, der Bus kommt in 2 Minuten.

B: Ah, da kommt er schon. Sehr pünktlich!

A: Was heißt pünktlich? Zu früh!

Track 25 Seite 32, zur Prüf. 2, 2, Bsp.

0: Sehr geehrte Kunden! Wir sind Montag bis Samstag von 8 bis 18 Uhr für Sie da. Und sonntags von 10 bis 12 Uhr. Wir freuen uns auf Ihren Einkauf.

Track 26 Seite 32, zur Prüf. 2, 2, Auf.

1: Achtung eine Durchsage: Der Bus Nr. 34 fährt heute nicht bis nach Frankfurt-City. Fahren Sie mit dem Bus Nr. 11.

2: Sehr geehrte Kunden! Nur heute! Coole Sporttaschen im Angebot für 34 Euro 99. Und für die Damen – Uhren ab 73 Euro 99.

3: Achtung eine Durchsage! Hier der neue Fahrplan für den Bus Nr. 21. Er fährt ab heute wieder von Montag bis Freitag bis 24 Uhr und am Wochenende bis 5 Uhr.

4: Sehr geehrte Kunden! Heute bei uns im Angebot: Frische Äpfel aus Italien – 5 Kilogramm nur 8 Euro 98 und frische Birnen aus Deutschland das Kilo für nur 1 Euro 79.

Lektion 05

Track 27 Seite 41, 12

1

A: Hi Pia. Wollen wir am Samstag tanzen gehen?

B: Ich möchte schon, aber ich muss leider arbeiten.

A: Oh nein!

B: Ja …

2

A: Hallo Nils. Du kannst doch Spanisch, oder?

B: Ja, warum fragst du, Lena?

A: Ich will Pablo eine Mail auf Spanisch schreiben.

B: Aha!

3

A: Am Sonntag muss ich nicht früh aufstehen. Ich kann ganz lange schlafen.

B: Super, du hast es gut, Tim! Ich muss lernen und früh aufstehen.

A: Oh!

4

A: Wo ist denn Herr Kunz?

B: Herr Kunz kann leider nicht kommen. Er muss nach Hamburg.

A: Ach so.

5

A: Guten Tag, Herr Meder. Ich …

B: Guten Tag, Frau Dr. Schneider. Können Sie bitte lauter sprechen? Ich kann Sie nicht verstehen.

A: Gern. Können Sie mich jetzt hören?

6

A: Möchtest du auch etwas essen, Sven?

B: Ja, gern. Ich muss nur kurz telefonieren, dann komme ich.

A: Gut.

Lektion 06

Track 28 Seite 43, 4

1: Gehen Sie geradeaus und dann die 1. Straße links.

2: Gehen Sie hier rechts und dann geradeaus.

3: Gehen sie geradeaus und dann die 2. Straße rechts.

Track 29 Seite 44, 5a

A: Entschuldigung. Wie komme ich zum Bahnhof?

B: Zum Bahnhof? Gehen Sie geradeaus bis zum Goetheplatz und dann links.

A: Noch einmal, bitte!

B: Sie müssen hier bis zum Goetheplatz und dann links.

A: Also auf dem Goetheplatz links.

B: Ja, genau. Das ist dann die Schillerstraße.

A: Die Straße heißt Schillerstraße?

B: Ja, Schillerstraße heißt die. Auf der Schillerstraße kommen Sie zum Bahnhof.

A: Also die Schillerstraße geht zum Bahnhof. Ich verstehe. Danke schön.

B: Bitte sehr.

Track 30 Seite 46, 10

A: Hallo, eine Frage: Wir möchten gern wissen: Was haben Sie gestern um 23 Uhr gemacht?

B: Ich? Ich hatte Hunger und habe Pommes mit Ketchup gegessen.

A: Danke! Und Sie? Was haben Sie gemacht?

C: Ich war im Kino und habe einen Film gesehen.

A: Danke. Und was haben Sie gestern um 23 Uhr gemacht?

D: Ich war sehr müde und habe geschlafen.

E: Und ich war auf einer Party und habe getanzt.

Track 31 Seite 46, 11a

Karl: Hallo Jens, wie geht´s? Wir haben uns ja lange nicht gesehen. Was hast du denn die ganze Zeit gemacht?

Jens: Hallo Karl. Ich habe drei Jahre in Amerika, in New York, gelebt. Ich habe dort als IT-Spezialist gearbeitet. Da habe ich dann auch meine Frau zum ersten Mal gesehen und vor einem Jahr haben wir geheiratet. Unsere Tochter ist jetzt zwei Monate alt. Und du, Karl?

Karl: Ich bin nach dem Studium wieder in meine Stadt gegangen und habe dort eine eigene Firma. Ich war lange mit Irma zusammen, aber seit einem Jahr nicht mehr.

Jens: Das tut mir leid, Karl. Sonst geht es dir gut?

Karl: Ja, ausgezeichnet. Ich war gerade in Australien und habe viele Leute kennengelernt. Da war auch eine Frau dabei. Na ja, vielleicht …

Jens: Ja, dann … Schau mal, da ist Anita. Weißt du, was sie so gemacht hat?

Track 32 Seite 47, 13a

A: Ach, das war in Berlin. Da waren wir 2013.

B: Nein, 2013 waren wir in Italien. In Berlin waren wir 2014.

A: Nein, da waren wir in Österreich. Waren wir 2015 in Berlin?

B: Nein, sicher nicht. 2015 war ich doch krank. Ich denke, wir waren 2011 in Berlin.

A: Jetzt weiß ich es: Wir waren 2010 in Berlin.

B: Ja, richtig. So lange ist das schon her.

Track 33 Seite 48, zur Prüf. 3, 1b

1: Alle Passagiere von Flug LH 717 nach Barcelona, bitte zu Gate 25C kommen.

2: Achtung: Der ICE aus Hamburg-Altona fährt jetzt auf Gleis 7 ein.

3: Der Zug fährt weiter nach Leipzig. Fahrgäste bitte einsteigen.

4: Fluggast Travis Jones, bitte kommen Sie zur Information in Halle 5.

5: Die S-Bahn in Richtung Hauptbahnhof hat circa 25 Minuten Verspätung.

Track 34 Seite 48, zur Prüf. 3, 1c, Bsp.

0: Fluggäste gebucht auf den Flug LH 345 nach Rio de Janeiro, bitte kommen Sie zum Ausgang D in Halle 1.

Track 35 Seite 48, zur Prüf. 3, 1c, Auf.

1: Fluggäste Gonzalez und Rodríguez, angekommen aus Madrid, bitte kommen Sie zur Information in Halle A.

2: Achtung eine Durchsage: Fahrgäste mit dem Ziel Berlin! Der ICE 288 fährt heute nicht nach Berlin. Bitte steigen Sie hier in Mannheim in den ICE 155. Der ICE 155 fährt nach Berlin. Ich wiederhole: Fahrgäste nach Berlin steigen Sie in den ICE 155.

3: Achtung auf Gleis 15: Der IC 125 nach München fährt heute von Gleis 14 ab. Auf Gleis 15 hat jetzt Einfahrt der Eurocity 39 nach Wien.

4: Sehr verehrte Kunden! Vergessen Sie nicht: Wir sind am Samstag und Sonntag bis 22 Uhr für Sie da. Kommen Sie zu unserer langen Shopping-Nacht. Wir freuen uns auf Sie!

Lektion 07

Track 36 Seite 56, 7

Moderator: Hören Sie jetzt unseren Beitrag zum Thema „Radfahren in Deutschland".

Sprecher: Für viele Leute in Deutschland ist Radfahren ein Hobby, aber auch ein Verkehrsmittel. Viele fahren täglich zwischen 5 und 15 Kilometer mit dem Rad zur Arbeit. Und 10% aller Wege machen Leute in Deutschland mit dem Rad. Es gibt ungefähr 73 Millionen Fahrräder in Deutschland. Es gibt auch einen Radschnellweg zwischen Essen und Mülheim an der Ruhr. Auf diesem „Fahrrad-Highway" können die Radfahrer zwischen 20 und 30 Kilometer pro Stunde fahren und müssen nicht immer stoppen. Radfahren ist gesund, besonders fürs Herz. Radfahrer sind nicht so oft krank.

Track 37 Seite 56, 8b

1

A: Du Finn …

B: Ja, was gibt's denn?

A: Dürfen wir hier rauchen?

B: Also, nicht in den Zimmern, aber draußen könnt ihr gerne rauchen. Im Garten.

A: Super, vielen Dank.

2

A: Entschuldigung, darf man hier in der Straße parken?

B: Haben Sie das Schild nicht gesehen? Absolutes Parkverbot.

A: Oh, stimmt.

B: Fahren Sie einfach weiter geradeaus. Dort vorne am Park können Sie parken.

A: Ah, vielen Dank für den Tipp.

3

A: Mama, darf ich an den Computer?

B: Nein!

A: Ach, bitte.

B: Luisa, ich habe „nein" gesagt. Erst musst du deine Hausaufgaben machen und dann darfst du eine Stunde an den Computer.

A: Typisch.

B: Wie bitte?

A: Nichts, nichts.

Lektion 08

Track 38 Seite 58, 1b

a: 149

b: 717

c: 771

d: 117

e: 536

f: 1563

g: 234

h: 443

Track 39 Seite 59, 3b

1: Es ist total toll! Von meiner Wohnung kann ich in alle Richtungen sehen. Und überall nur Meer. Echt super!

2: Im Moment lebe ich hier in der Natur mit vielen Tieren. Mein Essen kommt direkt aus meinem Garten. Das ist sehr romantisch, aber ich möchte lieber in der Stadt leben, zum Beispiel auf dem Wasser, in einem Hausboot. Das ist mein Traum!

3: Es ist herrlich und auch praktisch. Ich kann überall hinfahren und habe immer mein Bett dabei. Und so wache ich einmal in der Natur auf, morgen an einem See und übermorgen in der Großstadt. In einem Hotelzimmer schlafe ich nicht gern.

4: Ich liebe die Natur und Tiere. Mein Traum ist: Wohnen auf dem Bauernhof. Aber ich lebe noch in einer WG in der Stadt. Keine Natur, aber ein Tier: unsere Katze Mauzi.

Track 40 Seite 61, 8a

A: Hey ihr beiden, schaut mal, hier schreibt jemand über Lieblingsdinge.

B: Aha, Kaffeemaschine, Fotoapparat und Kissen, naja. Ich hab etwas anderes.

A: Ah ja, und was?

B: Rate doch mal: Mein Lieblingsding ist schwarz und groß. Ich mache ihn jeden Abend an, dann sehe ich bunte Bilder. Ein Abend ohne ihn ist furchtbar, einfach schrecklich.

A: Ach, na klar, das ist dein ...

B: Ja, genau. Und was sind eure Lieblingsdinge?

C: Also, ich benutze sie jede Nacht. Ich brauche sie im Sommer und im Winter. Sie ist warm und kuschelig. Es ist meine ...

B: Und jetzt du, was ist dein Lieblingsding?

A: Mein Lieblingsding ist klein. Ich habe es immer dabei. Ich suche es oft und ohne es kann ich nicht sein.

B und C: Das ist dein ...

Track 41 Seite 62, 9c

1: Klar hole ich dich ab, mein Schatz!

2: Jetzt hat sie sie schon wieder genommen. Das gibt's doch nicht!

3: Ja, warum nicht? Wir besuchen euch gerne mal in Wien.

4: Typisch! Dann frühstücken wir ohne ihn.

Track 42 Seite 64, zur Prüf. 4, 1

1

A: Fahren Sie mit dem Bus zur Arbeit?

B: Nein, der Bus ist immer so voll. Ich fahre mit dem Fahrrad.

A: Das ist ja auch gesund. Und Ihr Mann?

B: Mein Mann fährt mit dem Auto.

2

A: Na, was hast du am Wochenende gemacht, Anne? Wieder nur ferngesehen?

B: Natürlich nicht! Am Samstag war ich mit Maria eine Stunde im Wald joggen. Und am Sonntag bin ich zwei Stunden Rad gefahren.

A: Sportlich, sportlich!

3

A: Hi Miriam, wollen wir morgen zusammen ins Schwimmbad gehen?

B: Ach, ich weiß nicht ...

A: Hast du keine Lust?

B: Doch, aber gestern hat es den ganzen Tag geregnet.

A: Ja, aber morgen scheint bestimmt die Sonne!

4

A: Papi, kaufst du mir den Teddybär?

B: Du, der ist sehr teuer ...

A: Nö, er kostet doch nur 24 Euro.

B: Nein, Liebling. Der Hund kostet 24 Euro, aber der Teddybär kostet 42 Euro.

A: Aber schau mal. Der Fußball hier. Der kostet aber wirklich nur 14 Euro.

5

A: Und, wie gefällt dir unsere WG?

B: Echt gut, aber ...

A: Na, was gefällt dir nicht? Sag schon!

B: Das Badezimmer. Es gibt keine Badewanne.

A: Ja und? Aber es gibt doch eine Dusche! Musst du denn unbedingt baden?

6

A: Kannst du mir bitte sagen, wieviel Uhr es ist?

B: Viertel vor zwei.

A: Oh, so spät schon? Das Training beginnt gleich.

B: Du hast doch noch Zeit! Das Training beginnt erst um halb drei.

A: Nein, heute beginnt es schon um 2.

Lektion 09

Track 43 Seite 70, 9a

A: Vera, hast du schon etwas gefunden? Mir gefällt das Kleid. Die Farbe ist auch schön.

B: Das Kleid ist ein bisschen weit, aber die Farbe ist cool.

A: Ja, grün ist meine Lieblingsfarbe. Ich nehme es. Wie gefällt dir die Jacke?

B: Gut, aber rot steht mir nicht. Ich nehme sie nicht.

A: Ich nehme noch die Laufschuhe. Sie passen mir und meine sind schon kaputt.

B: Und ich nehme auf jeden Fall die Sonnenbrille. Die gefällt mir. Sie ist echt cool.

Lektion 10

Track 44 Seite 74, 2b

1: 1998

2: 2012

3: 2018

4: 1316

Track 45 Seite 74, 2c

1: 1995

2: 2012

3: 1968

4: 1981

5: 2002

6: 2022

Track 46 Seite 76, 6b

A: Hilfst du mir mal mit dem Geburtstagskalender?

B: Ja, gut. Wen hast du schon?

A: Also – Mama hat am 25. März Geburtstag. Und Papa am 19. November.

B: Okay, also Tom hat am 7.8. Geburtstag.

A: Am 7. August?

B: Ja, genau. Und der Geburtstag von Lea ist am 1. Mai.

A: Am 1. Mai … Wann hat Nora Geburtstag?

B: Nora? Die hat am 3. April Geburtstag. Hast du Sven schon?

A: Ja, hier: Der Geburtstag von Sven ist am 30. Juli.

Track 47 Seite 78, 13a

Frau Peters: Guten Tag, Frau Keindl, guten Tag, Herr Keindl.

Herr Keindl: Guten Tag, Frau Peters. Danke für die Einladung.

Frau Peters: Schön, dass Sie gekommen sind. Kommen Sie doch herein.

Herr Keindl: Danke. Ihr Haus ist sehr schön. Und der Garten! Der macht sicher viel Arbeit.

Frau Peters: Ja, aber er macht mir auch sehr viel Spaß. Nehmen Sie Platz. Mein Mann kommt gleich.

Frau Keindl: Danke.

Herr Peters: Hallo, Frau Keindl, Herr Keindl. Darf ich Ihnen etwas zu trinken anbieten? Ein Glas Wein?

Frau Keindl: Danke, aber ich trinke keinen Alkohol.

Herr Peters: Vielleicht einen Apfelsaft?

Frau Keindl: Ja, sehr gern.

Herr Keindl: Ich nehme gern ein Glas Wein.

Alle: Prost!

Track 48 Seite 80, zur Prüf. 5, Bsp.

0: Hi Tom! Ich bin schon am Bahnhof angekommen und habe unglaublich viel zu erzählen. Das erzähle ich dann alles im Café. Ich stehe jetzt vor dem Nationalmuseum und warte. Bis gleich.

Track 49 Seite 80, zur Prüf. 5, Auf.

1: Hier ist Tom. Hallo ihr beiden! Ich bin gerade in Hamburg und fahre später wieder zurück nach Leipzig. Sagt mal, habt ihr am Wochenende Lust ins Theater zu gehen? Ruft mich doch mal heute Abend zu Hause an. Tschüss.

2: Im Apollo sehen Sie ab heute den neuen Film von Werner Bender „Das ist nur ein Traum!". Anfangszeiten: 18:00 und 20:00 Uhr. Tickets können Sie unter der Nummer: 20 18 21 bestellen.

3: Hi Daniel. Vielen Dank noch mal für die Einladung. Ich hätte auch total Lust, alle alten Freunde wiederzusehen. Aber ich kann leider nicht kommen. Ich liege seit gestern im Bett und habe wahnsinnige Kopfschmerzen. So schade! Liebe Grüße, Lena.

4: Hallo Mami! Die frühe S-Bahn ist leider schon weg. Ich nehme jetzt also die S-Bahn um 18:13 Uhr, nicht die um 17:13 Uhr. Kannst du mich bitte an der S-Bahnstation abholen? Ich komme um 18:43 Uhr an. Danke! Pia.

5: Sie haben die Nummer der Praxis Dr. Schlüter gewählt. Unsere Sprechzeiten sind Montag, Dienstag, Donnerstag und Freitag jeweils von 8:30 Uhr bis 13:00 und von 15:00 bis 18:00 Uhr. Wir danken für Ihren Anruf.

Modelltest

Track 50 Seite 85, Teil 1 (00.00-06.32)

Hören

Es gibt drei Teile. Sie hören kurze Gespräche und Ansagen. Zu jedem Text gibt es eine Aufgabe. Lesen Sie zuerst die Aufgabe, hören Sie dann den Text dazu. Kreuzen Sie die richtige Lösung an.

Hören, Teil 1.

Was ist richtig? Kreuzen Sie an: a, b oder c. Sie hören jeden Text zweimal.

Beispiel: Guten Tag, hier ist die Zahnarztpraxis Dr. Schröder. Wir müssen Ihren Termin leider verschieben. Der neue Termin ist am Dienstag, den 5. Juli, um 17:00 Uhr. Ich hoffe, der Termin passt für Sie. Einen schönen Tag noch!

1

A: Guten Tag, was darf es sein?
B: Hmm, haben Sie schwarzen Tee?
A: Oh, tut mir leid, der ist aus. Aber unser Kaffee ist sehr gut.
B: Ach, Kaffee mag ich nicht so, dann nehme ich ein Mineralwasser.

2

Hallo, hier ist Luigi. Ich bin auf dem Weg nach München, und mein Zug kommt heute Mittag um halb eins an. Kommst du zum Bahnhof? Bis später!

3

Heute frisches Obst in super Qualität! Birnen nur 1,99 Euro das Kilo, Ananas nur 1,95 Euro das Stück! Und Äpfel aus Deutschland für nur 1,49 Euro das Kilo. Greifen Sie zu!

4

A: Kann ich Ihnen helfen?
B: Tja, eigentlich brauche ich einen neuen Pullover ... und vielleicht eine Jeans.
A: Ja, gerne. Pullover sind hier vorne und Hosen hinten links. Wir haben heute aber übrigens auch Hemden im Angebot, bis zu 50 % reduziert.
B: Ach, das ist ja günstig ... aber ich trage nicht so oft Hemden, ich glaube, heute nehme ich erst mal nur eine Jeans mit.
A: Gerne.

5

A: Entschuldigung, kennen Sie sich hier aus?
B: Ja. Was suchen Sie denn?
A: Ich muss ins Bürgerbüro, ich will einen Pass abholen. Ich war schon im ersten Stock, aber da ist ein Supermarkt.
B: Stimmt, im ersten und zweiten Stock ist jetzt ein großer Supermarkt. Ihren Pass können Sie im dritten Stock abholen.
A: Ach so, im dritten Stock. Vielen Dank.

6

A: Ach, hallo Martina! Mal wieder mit Koffer unterwegs? Wohin geht's denn, wieder zu den Eltern in den Schwarzwald?
B: Nein, ich komme gerade aus Berlin, ich war beruflich unterwegs. Aber am nächsten Samstag fliege ich nach Mallorca – zwei Wochen Strand. Nur schwimmen, in der Sonne liegen und schlafen.

Track 50 Seite 85, Teil 2 (06.38-08.45)
Hören, Teil 2
Kreuzen Sie an: „Richtig" oder „Falsch". Sie hören jeden Text einmal.

Beispiel: So, meine Damen und Herren, jetzt ist Zeit für eine Mittagspause. Es ist jetzt kurz vor eins, wir machen eine gute Stunde Pause und treffen uns alle wieder um zwei am Bus. Dann fahren wir weiter nach Hamburg.

7

Wir bitten um Ihre Aufmerksamkeit. Der ICE 1556 nach Dresden fährt heute nicht von Gleis 7 ab, heute fährt der Zug von Gleis 11. Fahrgäste Richtung Dresden: Ihr Zug fährt heute ab Gleis 11.

8

So, liebe Besucher, herzlich willkommen zu unserer Führung durch das Stadtmuseum. Gleich ist es zehn Uhr und wir gehen zusammen in das Museum. Bitte schalten Sie vorher alle die Handys aus. Ihre Jacken und Taschen können Sie ins Museum mitnehmen.

9

Verehrte Kunden, eine wichtige Durchsage: Wer sucht sein Portmonee? Wir haben gerade in der Herrenabteilung ein Portmonee gefunden. Sie können es an unserer Information abholen.

10

Letzter Aufruf für Herrn Tran, gebucht auf den Flug LH77 von Frankfurt nach Chicago. Herr Tran, bitte kommen Sie zu Gate 54, der Flug wird gleich geschlossen.

Track 50 Seite 85, Teil 3 (08.50-12.28)
Hören, Teil 3
Was ist richtig? Kreuzen Sie an: a, b oder c. Sie hören jeden Text zweimal.

11

Hallo Herr Schaffrath, hier ist Ihre Kollegin Cornelia Grube. Wir wollen ja morgen alle im Gemeinschaftsraum im ersten Stock meinen Abschied feiern, aber es gibt eine kleine Änderung: Die Feier beginnt nicht um zwei, sondern erst um halb drei. Bis morgen!

12

Guten Tag, Herr Kluth, hier ist Frau Schäfer, Ihre Nachbarin. Ich habe ein Paket für Sie und ich habe eine Frage: Wann kommen Sie heute nach Hause? Bitte rufen Sie mich kurz an. Vielen Dank.

13

Hallo Ümet, hier ist Sascha. Du, wir wollen ja heute Abend zum Fußball-Training ins Stadion. Kannst du mich wieder mit dem Auto mitnehmen? Wir können uns ja wieder vor dem S-Bahnhof treffen, wie letzte Woche. Bis später.

14

Hi Karin, ich bin's, Michaela. Du bist bestimmt schon unterwegs zum Kino. Du, ich komme leider eine Viertelstunde später. Sollen wir uns trotzdem am Kino treffen? Schreib mir doch über WhatsApp!

15

Hallo, hier ist Herr Rudolph. Ich rufe an, weil ich ja den Abfluss bei Ihnen reparieren muss. Ich komme morgen, also am 3. April, um Viertel vor neun morgens vorbei. Wenn das nicht passt, rufen Sie bitte an.

Ende Prüfungsteil Hören.

图字：09–2018–1260号

图书在版编目（CIP）数据

欧标德语教程. A1. 备考训练／（德）比尔吉特·布
劳恩，（德）伊芙琳·施瓦茨，（德）桑德拉·霍赫曼著.
—上海：上海译文出版社，2021. 11
ISBN 978–7–5327–8189–8

I. ①欧… II. ①比… ②伊… ③桑… III. ①德语—
教学参考资料 IV. ①H33

中国版本图书馆CIP数据核字（2021）第239244号

欧标德语教程A1（备考训练）

比尔吉特·布劳恩
［德］　伊芙琳·施瓦茨　　编著
桑德拉·霍赫曼
薛　琳　　编译

————————

上海译文出版社有限公司出版、发行
网址：www.yiwen.com.cn
201101　上海市闵行区号景路159弄B座
上海华顿书刊印刷有限公司印刷

————————

开本890×1240　1/16　印张7.75　字数331,000
2022年1月第1版　2022年1月第1次印刷
ISBN 978–7–5327–8189–8/H·1446
定价：42.00元

————————

如有质量问题，请与承印厂质量科联系。T: 021-36162648

ISBN 978-7-88841-442-6